日本における近代「言語学」成立事情 I

藤岡勝二の言語思想を中心として

柿木重宜 Shigetaka Kakigi

ナカニシヤ出版

目　　次

6章　近代「言語学」の研究対象になった言語 —アルタイ諸語 …………………………………… 105

7章　近代「言語学」と藤岡勝二の言語観 ………… 117

はじめに

　本書では，「言語学」という新しき学問分野が誕生しようとする黎明期に，どのような研究者がこの学問分野の創設に関わり，尽力したのか，当時の文献資料を詳細に検討しながら，近代言語学史の観点から考察した。その方法論として，言語学者藤岡勝二の言語思想に着目して，これまで明らかにされなかった近代の「言語学」の成立事情について，様々な観点からアプローチを試みた。

　藤岡勝二（1872-1935）は，この頃の「言語学」の創設に深く関わった言語学者であり，東京帝国大学文科大学言語学科教授として，30年近くにわたり，当時の日本の言語学界をリードし，多彩な研究テーマを有した稀有な研究者である。しかしながら，現代の言語学界において，日本語系統論の研究以外に，その名が挙げられることはまずない。拙著『近代「国語」の成立における藤岡勝二の果した役割について』（ナカニシヤ出版，2013）において，藤岡が，近代の「国語」の成立において，いかに重要な役割を果したかという点について，当時の貴重な文献を駆使しながら，綿密な考察を試みた。ただし，現段階では，大部の著作集が残されている後進の新村出（1876-1967）や金田一京助（1882-1971）と比肩すると，未だその功績が正当に評価されているとは言い難い。本書では，彼が，近代の「国語学」だけではなく，「言語学」の成立においても，重要な役割を果したことを，残された文献や記録を通して，論証していきたいと考えている。近代「言語学」成立事情という些か壮大なテーマの題目であるが，「博言学」から脱し，「言語学」という萌芽期の学問が，どのような言語思想を基にして形づけられたのか，その経緯を，藤岡勝二という一人の言語学者を軸にして，解明していくことを目的にしたい。お雇い外国人教師バジル・ホール・チェンバレン（1850-1935）が確立した「博言学」という学問の範から解

き放たれ，日本における「言語学」という確固たる学問が誕生した背景には，現代言語学界では，忘れられた存在といえる藤岡勝二という孤高の言語学者の言語理論と実践研究の功績があったことを決して忘れてはならないであろう。第1章で詳細に取り上げるが，藤岡の研究テーマの射程範囲はきわめて広く，今後も彼の言語思想の淵源やその思想の変遷，並びに実践研究を綿密に辿る必要がある。例えば，上田萬年（1867-1937）が自らの弟子と創設した言語学会の機関誌『言語學雑誌』において，編集人という責任ある立場で，どのような役割を果したのか，詳細に解明することも本書の目的の一つといえる。

　さらに，特筆しなければならない重要な事項は，近代の「言語学」と近代の「国語学」の創設は不可分な関係にあり，創設に関わった人物には，この両者の学問分野に精通した研究者が数多含まれていたことである。その最も象徴的な言語学者が，後の東京帝国大学文科大学言語学科教授藤岡勝二なのである。

　現代言語学の観点からみれば，このような研究は，「言語学史」という言語学の中でも周辺的な学問領域のように思われがちであるが，近代の言語学史を把握しておくことは，現代言語学の研究課題を語る上でも，頗る重要な事項といえるのである。現在まで，連綿として続く言語学の底流には，この頃に構築された言語理論が影響しているのである。

　なお，本書の第1章と第2章では，当時の第一級の言語学の資料である『言語學雑誌』，そして，現代では，ロシア語学の泰斗とみなされているが，当時は，国語学，言語学の成立に尽力していた八杉貞利（1876-1966）の日記『新縣居雑記』を参考にしたことを付記しておきたい。また，できる限り当時の文献の表記である旧仮名遣いを使用したことも断っておきたい。

　近代における「言語学」と「国語学」の接点を考察しながら，藤岡勝二という言語学者を視座におき，様々な文献を検討することによって，近代「言語学」の成立事情を明らかにすることが，本著の第一の目的である。日本における近代「言語学」がいかに成立したのか，という大きなテーマであり，本著で充分に解明できなかった問題点も多くみられたかもしれない。この点については，別の機会に改めて，論じることにしたい。[1]

1章 藤岡勝二の言語思想と『言語學雑誌』について

1.1 藤岡勝二の研究テーマとその業績

　本節では，藤岡勝二の研究テーマとその業績について挙げることにする。以下のように，拙著（2013）において，筆者は，藤岡の業績を①〜⑦に分類してみた。ここでは，本著に深く関わる藤岡勝二の言語理論だけを重点的に考察していくことにしたい。ただし，⑦の日本語教育に関しては，確かに，この頃，藤岡が，日本語教育に深く携わっていたことが，『言語學雑誌』の「雑報」欄において判明しているが，利用したテキスト，教育期間等，未だ詳らかでない点も多くみられる。したがって，藤岡の他の主たる研究テーマと同一と考えてよいのか，この点については，今後，さらに検討すべき課題としたい。一方，藤岡の盟友といえる同じ東京帝国大学文科大学教授で梵語学を担当した高楠順次郎（1866-1945）も，この頃，日本語教育だけではなく，自ら日本語学校を運営していた。また，よく知られた教育者には，後に，藤岡とともに，ローマ字化運動の実践を推し進めていく嘉納治五郎（1860-1938）がいる。彼は，「弘文学院」という日本語学校を設立して，多くの清国留学生に日本語を積極的に教えていた。現在のように，「日本語教育学」という分野が確立されていない時代であり，多くの言語関係者が，日本語の教授法を模索しながら，実際の日本語教育に何らかの形で携わっていたという事実には注目しておきたい。この中には，後の京都帝国大学教授新村出も含まれている。なお，こうした事実は，全て，⑦の研究テーマの箇所で記した『言語學雑誌』の「雑報」欄で窺うことができる。ちなみに，藤岡，新村，両者ともに，ローマ字化運動に関与しなが

ら，同時に熱心なエスペランティストであったという点も特筆しておきたい。日本語教育の教授経験とローマ字化運動，エスペラントとの関連性については，今後の言語思想史の観点から重要な課題になるといえる。

　下記に，藤岡の研究テーマの項目を①～⑦に分類をして，掲げることにする。そして，その後に，テーマに沿った代表的な著作も記しておく。

① 　日本語系統論（日本語とウラル・アルタイ語族との共通性）

　「日本語の位置」『國学院雑誌』第 14 巻第 8 号，10 号，11 号（1908）

② 　一般言語学の研究

　『言語學概論―言語研究と歴史―』（刀江書院，1938）

　ジョゼフ・ヴァンドリエス（1875-1960）の翻訳

③ 　アルタイ諸語の文献学的研究

　『滿文老檔』（岩波書店，1939）（満州語の転写と翻訳）

　『羅馬字轉寫日本語對譯　喀喇沁本蒙古源流』（文求堂書店，1940）

　（モンゴル文語の転写と翻訳）

④ 　国語国字問題（ローマ字化運動の理論と実践）

　『羅馬字手引』（新公論社，1906）

　『ローマ字びき實用國語字典』（三省堂，1919）

⑤ 　辞書学

　『大英和辞典』（大倉書店，1918）

⑥ 　宗教学（サンスクリット学）

　『弘法大師』（傳燈會，1898）

　『方便語錄』（天來書房，1937）

⑦ 　日本語教育

『言語学雑誌』第 1 巻第 2 号の「雑報」

　藤岡の初期の研究テーマには，「辞書学」に繋がる欧米の辞書を扱った論文がみられる。『帝國文学』第 2 巻に寄稿した「辞書編纂法并日本辞書の沿革」であり，後に，この辞書編纂の知識を生かして，『大英和辞典』，『ローマ字引き實用國語字典』を刊行している。一方，言語の習得については，20 代の頃には，すでに，サンスクリット語，ギリシャ語，ラテン語だけではなく，アルタイ諸語，すなわち，モンゴル語，チュルク諸語，満州・ツングース諸語等の東洋の言語にも精通していたことは注視しなければならない事項といえよう。上田萬年は，最新の比較言語学を学ぶと同時に，日本語の系統を解明するために，色々な言語を自らの弟子に習得させようとした。藤岡が，アルタイ諸語に魅力を感じたのは，上田の影響とともに，同時代の言語学者であり，中国語に精通していたゲオルク・フォン・デア・ガーベレンツ（1840-1893）の言語理論に共鳴していたことと関係があると考えられる。ガーベレンツの父は，満州語学が専門の学者であり，この辺りから，徐々に藤岡は，アルタイ諸語に関心を抱いたと推測できる。また，藤岡勝二という名が最も知られている論文が，「日本語の位置」であり，元々は，講演した内容を文章化して発表した論考である。日本語と当時の名称であったウラル・アルタイ語族の共通項を 14 箇条に分類して提示しているが，現在でも，日本語系統論に関する論文では，頻繁に引用されている。本論文で注目しなければならないことは，藤岡が従来の比較言語学的観点から脱し，類型学的観点から日本語系統論の解明にアプローチしようと試みた点である。さらに，もう一点は，一般の言語学者の間では，藤岡勝二の「ウラル・アルタイ語族説」と引用されることがあるが，彼は，あくまで可能性を示唆したに過ぎず，軽々に，この共通項だけで，日本語の系統を結論づけてはいないことである。このような藤岡の学問に対する慎重な姿勢は，上記の藤岡の多くの代表的な訳書が，彼が逝去した後，弟子によって編纂，刊行された事実からも窺うことができる。自らが納得のいく翻訳でなければ決して公にしない学問に対する厳しい姿勢が，著書や論文を書かない学者と揶揄され，藤岡の生前の評価を低くしたといえるかもしれない。

　さらに，日本語系統論の点でいえば，近代の「言語学」の樹立において，実

践的な役割を果した八杉は，『言語學雑誌』に「アイヌ語斷片」という論文を寄稿しており，この頃，上田は，アイヌ語研究者として，彼を期待していたことを窺うことができる。上田自身は，自ら日本語系統論の論文を書くことはなかったが，弟子に諸言語を学ばせながら，比較言語学的観点から日本語の起源の解明ができることを期待したのである。しかしながら，現代に至るまで碩学とよばれるあらゆる言語学者が，日本語の系統論の解明に，様々な方法論をもってして臨んだが，いずれも全ての言語学者を納得させる説にまで至ってはいないのが現状である。

　なお，既述した藤岡の研究に対する慎重で真摯な姿勢であるが，一般言語学，東洋学者の間で知られている著書も，藤岡が，1935（昭和10）年に逝去した後，弟子によって編まれたものである。一般読者を対象にして，弟子の横山辰次が編集した『言語學概論―言語研究と歴史―』であるが，ヨハン・ヴァンドリエスの実際の翻訳以外に，藤岡が色々な諸例を掲げているが，それを翻訳の中にも導入して刊行されている。東洋学者の間でも，高く評価されており，藤岡の後に東京帝国大学文科大学言語学科を継承した小倉進平（1882-1944）が刊行した『滿文老檔』の場合は，藤岡自身は，満足した段階の翻訳でなかったかもしれないが，現代アルタイ学の観点からみても，実に緻密で正確な転写と翻訳が施されてある。さらに，浄土真宗の教西寺で生まれた藤岡は，宗教学，とりわけサンスクリット学に関する論文も優れており，この分野の第一線の学者と研究を進めていた。その集大成の論文を纏めた『方便語録』も同様に，彼が亡くなった後に，一冊の本として刊行されたものであり，藤岡を宗教学者と間違える研究者もいたほどの出来栄えであった。

　さらに，特筆したい事項は，藤岡勝二を中心とするアルタイ学者が，国語並びに国語国字問題にも，大いなる関心を抱いていたことである。モンゴル三大文学の中でも最も資料的価値のある『元朝秘史』の訳注『成吉思汗實録』を著わした東洋史学者那珂通世（1851-1908）も『国語学』という本を上梓していたことも注視すべきであろう。以前，拙著（2013）において，モンゴル文語，満州文語は，文字と音が隔絶しており，文語を習得するには多大なる労力を要するが，本文を転写（transcription）すると，容易に読めることについてふれたことがある。例えば，モンゴル文語には，tとd，kとgの区別すらないので

ある。アルタイ学者が国語国字問題（ローマ字化運動）に傾倒していった背景
には，このようなアルタイ諸語文献のローマ字転写の利便性と関係性を有する
と考えられるのである。

　では，ここで，上記のような研究を進めながら，藤岡が，「国語」そして，「国
語学」という学問の樹立に，どのように尽力したのか，彼の年譜から考察した
い。1872（明治5）年に，京都市に生まれた藤岡は，1894（明治27）年に第
三高等学校本科一部の内文科を卒業後，東京帝国大学文科大学博言学科に入学
する。ここで，師上田萬年の謦咳に接することになるのである。この頃，すで
に上田にその言語学的才能を認められ，1901（明治34）年にドイツ留学を果
す以前から，帰朝後は，言語学科の後継者を託されることを約束されていたほ
どの逸材であったといわれている。上田の信任が厚かった藤岡は，1897（明
治30）年に，学術論文「日本語の性質及其發達」を提出して，同大学を卒業
する。その後すぐに，同大学院の入学を許可されている。在学中には，特待生
に選出されていたが，ちなみに，この頃，特待生になったのは，二学年後輩に
なる後の京都帝国大学教授新村出ともう一年後輩になる東京外国語大学教授八
杉貞利だけしかいない。藤岡と同年で，上田と東京帝国大学の国語研究室にお
いて，後に「国語学」の理念の構築に専念する保科孝一（1872-1955）の回想
録では，藤岡勝二は，上田門下のナンバーワンであったと記されている。[3] さら
に，1897（明治30）年9月より，真言東京中学教授を嘱託として勤務し，
1898（明治31）年2月には，保科孝一，国語学者岡田正美（1871-1923）と
ともに図書館嘱託，同年4月には，「国語」に関する事項取調の嘱託を務めて
いる。また，1899（明治32）年5月に，高等師範学校国語科講師を嘱託とし
て勤務している。当時の国語国字問題は，単に「国語学」や『言語学』の専門
家だけに特化した問題にとどまらず，国家的規模の問題として取り上げられる
重要な課題であった。師の上田が，文部省専門学務局長として，実質的にリー
ドをしていた国語調査会が官制の国語調査委員会になる直前のことであり，藤
岡もドイツ留学から帰朝した後，この国語調査委員会の正式な委員として就任
している。1900（明治33）年には，小学校令が公布され，「国語」という教科
目が誕生するのであるが，この頃，藤岡は，1900（明治33）年3月に，羅馬
字書方取調委員に任命されている。

　以下に，国語調査委員会の調査方針を掲げるが，この方針がでる前に，藤岡，
保科，岡田が「国語」に関する事項取調の嘱託を務めていたことは，特筆すべ
き点であり，この三者は，いずれも，『言語學雑誌』にも論文を寄稿している。

　　國語調査委員會の調査方針
○國語調査委員会決議事項　國語調査委員会ハ本年四月ヨリ同六月ニ渉リテ九
　回委員会ヲ開キ其調査方針ニ就キテ左ノ如ク決議セリ

一　文字ハ音韻文字（フォノグラム）ヲ採用スルコト、シ假名羅馬字等ノ得失
　　ヲ調査スルコト
二　文章ハ言文一致體ヲ採用スルコト、シ是ニ關スル調査ヲ爲スコト
三　國語ノ音韻組織ヲ調査スルコト
四　方言ヲ調査シテ標準語ヲ選定スルコト

　本会ハ以上四件ヲ以テ向後調査スベキ主要ナル事業トス然レトモ普通教育ニ
於ケル目下ノ急ニ応センカタメニ左ノ事項ニ就キテ別ニ調査スル所アラント
ス。

一　漢字節減ニ就キテ
二　現行普通文體ノ整理ニ就キテ
三　書簡文其他日常慣用スル特殊ノ文體ニ就キテ
四　國語假名遣ニ就キテ
五　字音假名遣ニ就キテ
六　外國語ノ寫シ方ニ就キテ

　上述した調査方針は，「言語学」という学問を創りだそうとしていた研究者
の理念と共通項を有している点には着目しなければならない。近代「言語学」は，

近代「国語」，そして学問の理念としての「国語学」と決して無縁ではなかったのである。既述したように，この点については，後の言語学界をリードする藤岡勝二が，1898（明治31）年4月に，保科孝一，岡田正美とともに「国語」に関する事項取調の嘱託，つまり，今後の「国語」という教科目の方針を，時の政府に託されていたことからも窺知できる。藤岡の師である上田は，当時，国語調査会を経て，官制の国語調査委員会においても，主事の立場から，近代の「国語学」の確立に尽力していたのである。藤岡のこの頃の経歴をみれば気づくが，国語に関する重要な事項に深く携わっているのである。

　近代「国語」の成立と，近代「言語学」の成立は，常に不可分の関係にあり，藤岡を中心とする数多くの当時の言語学徒が，近代の「国語」の樹立にも深く関わっていたことは括目すべき重要な事項とみなすことができるであろう。

1.2　『言語學雑誌』について

　本節では，近代の「言語学」の成立事情を辿る上で，頗る重要な資料となる『言語學雑誌』について考察したい。ここで，『言語學雑誌』（1900-1902）の巻数とその体裁について，掲げることにしたい。創刊号は，1900（明治33）年2月に刊行され，1902（明治35）年9月に第3巻第3号にて，その役割を終えている。しかしながら，最終号では，本号で終了することを窺わせる記事が全く掲載されていないため，以降も，本雑誌が継続する可能性は十分にあったことを想起させる。藤岡勝二のドイツ留学が長引いたためか，藤岡が帰朝した後，東京帝国大学文科大学に務めていた新村が，新設の京都帝国大学文科大学に異動したことが要因になったのかもしれない。

表1　『言語學雑誌』の全巻号数

	巻	号数
	第1巻	第1号～10号
	第2巻	第1号～5号
	第3巻	第1号～3号
計	3巻	18号

　本雑誌の特筆すべき点は，現在の学会の機関誌の多くが，通常，年2，3回のペースで刊行されているにもかかわらず，『言語學雑誌』の第一巻は，ほぼ毎月1冊の雑誌が刊行されていたことである。これは，八杉の『新縣居雑記』の記録でも窺えるが，創刊までに，ある程度の論文が用意されており，今日の査読形式の論文という形態をとらずに，上田萬年が認めた人物に対して論文の投稿を依頼していたと考えられる。藤岡は，雑誌の刊行の途中で，ドイツ留学に赴くことになるが，その後も，編集人が新村や八杉に代わることはなく，最後まで責任編集人を務めている。藤岡の「言語学」という新しき学問に対する真摯な思いが強く伝わってくる雑誌の内容であり，それに相応しい当時の各分野の碩学たちが寄稿した貴重な資料が『言語學雑誌』なのである。当初の言語学会の精神的支柱であった上田萬年から，まさに言語学界の中心的存在が藤岡勝二へと変わろうとしていた途上であり，この意味では，本雑誌の創刊号は，近代の「言語学」，否，現在まで連綿として継承されてきた「言語学」という学問のメルクマールといえよう。

　次に，『言語學雑誌』の主な体裁とその内容について考察したい。ここでは，第1巻第5号（明治33年6月20日発行）を例にとってみる。なお，括弧は，概ね現代の学会の機関誌に該当する用語を記述した。まず，論説（学術論文）4本，雑録（研究ノート）2本，史傳（歴代の国語学者や言語学者の紹介）1本，雑報（学界に関わる研究会等の動向）12項目，紹介並に批評（言語学関連書の紹介及び書評）7項目，質疑応答1件（裏表紙に詳細に記述されており，言語学に関わる読者からの質問とその回答）となっている。勿論，必ずしも，正確には合致しない個所もみられるが，現代言語学の雑誌の体裁の原形になったと考えられる。

　また，『言語學雑誌』が当時の貴重な資料である所以は，「雑報」の欄に，次のような記述があることからも窺える。[4]

〇言語學会大會
　會するもの，會員外の有志者をあはせて三十七名，委員藤岡勝二氏起って本學會の報告及び開會の旨意を述べたのち，小川尚義氏の講演に移つた。

……〈中略〉……

　宴酣にして，加藤博士は起つて，本會のために祝辭を述べられた。博士がフキロロジーを博言學と譯し（記者いふ，本誌に曾て西周氏の譯語としたのは誤謬である）……

　拙著（2013）において，この個所に注目したのは，言語学会大会において，三十七名の錚々たるメンバーを前にして，最初に，この会の趣旨を述べたのが，上田萬年や当時の人文学の泰斗井上哲次郎（1856-1944），加藤弘之（1836-1916）ではなく，20代の若き言語学徒藤岡勝二が選ばれたという事実である。そして，最後に祝辞を述べたのが，当時の人文学の泰斗加藤弘之であった。なお，本誌では，最後に全出席者37名が掲げられているが，実質上の運営をした藤岡勝二，新村出，八杉貞利には，敬称が略されている。

　以下に，言語学会大会出席者を全て記すことにしたい。『言語學雑誌』第1巻第4号のp.87では出席者全員の氏名が掲げられている。

伊澤修二君	入澤達吉君	池田貞雄君	上田萬年君
内海弘造君	大槻文彦君	大伴來目雄君	小川尚義君
岡田正美君	岡野久胤君	加藤弘之君	加藤玄智君
加藤直久君	神田乃武君	龜山玄明君	清澤滿之君
齋藤唯信君	新保寅次君	杉　敏介君	菅原　傳君
高楠順次郎君	高木尚介君	長　蓮恒君	常盤井堯猷君
那珂通世君	フローレンツ君	保科孝一君	本田　弘君
前田慧雲君	三宅雄次郎君	村上專精君	矢野道雄君
吉田賢龍君	渡邊　良君	藤岡勝二	新村　出
八杉貞利			

　以上のような事実からも，藤岡の言語学会での中心的役割とその立場を窺うことができるのである。また，この「博言学」という用語であるが，数多くのヨーロッパの言語を漢語に翻訳した西周（1829-1897）ではなく，上述した国語調査委員会委員長として，人文学の分野をリードした東京大学初代綜理加藤弘之が，訳したことにも注目しなければならない。加藤は，フィロロジーという用語を，現代なら「文献学」と訳すべきところを，あえて「博言学」という訳語を使用している。この後，「博言学」という学問分野は，「言語学」へと名称変更をするが，加藤は，上田萬年に当時の新しき学問分野である「言語学」を託そうとして，上田を留学させたのである。しかしながら，実質上，「言語学」を学問的な体系として構築したのは，東京帝国大学文科大学言語学科第二代主任教授の藤岡勝二であった。このような状況に鑑みると，言語学とは，現代では，人文学の一分野とみなされがちであるが，当時は，人文系の学問を代表する分野に進展することが期待された研究分野であったことが分かるのである。

　また，「雑報」欄には，八杉貞利が研究を進めていた契沖に関する論文「契沖阿闍梨の二百年忌」がみられる。本欄は，多くのメンバーが無記名で寄稿しているはずであるが，八杉がこの欄を書いていたことは，この「雑報」欄の記述からも窺える。さらに，「質疑應答」の内容も興味深い。拙著（2013）でも取り上げたが，次のような例が掲げられている[5]。

　　質疑應答
　　「ウラル・アルタイ」語学の一斑を知るにはいかなる著書ありや。承りたし。

　かなり専門的な内容の質問であり，読者も言語学に関する該博な知識を有していることが想起できる。また，雑誌の巻末には，次のような全国の取次書店が明記されていることにも注目したい。このような状況から判断して，当初は，文体は口語体を採用し，一般読者を念頭に入れた言語学の雑誌を目指していたことが十分に考えられる。ほぼ同時期に，東京帝国大学の関係者が刊行した『帝

『國文学』の部数が，およそほぼ三千冊から四千冊とみなされていることから考え，『言語學雑誌』も，同数以上の雑誌を刊行する予定であったことが想起できる。

　以下に，当時の取次書店を明示すると次のようになる。

『言語學雑誌』取次書店一覧

神田區表神保町	東京堂	京橋區鎗屋町	合資會社
京橋區鎗屋町	北隆館	神田區錦町壹丁目	武蔵屋
本郷區元富士町	盛春堂	京都上京區新町通	便利堂
大坂備後町	岡島支店	名古屋本町	川瀬代助

　上述したように，取次書店は，東京の書店が中心となっているが，京都や大阪，名古屋にも販売書店がみられる。例えば，京都上京区新町通の便利堂という雑誌販売店は，現在も残っている老舗である。しかしながら，質疑応答の専門的内容から判断して，やはり，読者は，言語学徒か言語に関わる仕事に従事する教員等がほとんどであったのではないかとみなすことができる。「ウラル・アルタイ」語学の一斑といった内容は，今日ほど一般言語学の本が販売されていない現状に鑑みると，ウラル語族，アルタイ諸語に関する知識がないと提出できない内容の質問事項であったはずである。

　次は，『言語學雑誌』の第 1 巻第 6 号（明治 33 年 7 月 20 日発行）の「雑報」欄の文を掲げてみたい。ここで，特に注視したい点は，近代の「言語学」が成立する中，他の学問分野，すなわち，英語英文学，ドイツ語学・ドイツ文学の領域に属する学問の状況である。当時は，まだお雇い外国人の講義の数が多く，いち早くドイツ，フランス留学を果した上田萬年と違い，日本語で学問として，語学研究の講義ができる日本人がほとんどいなかったのである。こうした事態を憂慮して，政府が，イギリスやドイツに優秀な日本人を派遣しようとしていたのである。このような状況下において，加藤弘之が，上田をドイツ，フランスに留学させ，最新の比較言語学，当時は青年文法学派（Junggrammatiker）が台頭していた時代の学問を学ばせた意義はきわめて大きいといえる。また，この折，上田は，著名な青年文法学派や東洋の言語にも精通していたゲオルク・

フォン・デア・ガーベレンツの講義をうけていたことも特筆しておくべきことであろう。

　以下は，『雜報』欄の記事である。ここでは，当時の英語学やドイツ語の研究状況に関する箇所を見出すことができる。[6]

　　雑報
　　○海外留學生
　　　　今回語學研究のために多くの留學生が任命された。即獨逸語の側では，藤代禎輔氏，山口小太郎氏，英語の側では，夏目金之助氏，神田乃武氏である。

　既述したように，上田萬年はこの頃，すでに留学経験を終え，国語調査委員会の主査をはじめ数々の政府の要職に就く立場となり，公の職務をこなしながら，国語の行く末を考え研究を進めていたのである。

　一方，英語学，英文学の分野では，夏目金之助（1867‐1916），神田乃武（1857‐1923）の二名が選出されている。ドイツ語学では，藤代禎輔（1868‐1927），山口小太郎（1867‐1917）の両名を留学に派遣することが決定し，この件については，「海外留學生」という題で，「雑報」欄に掲載されている。

　ここで，注目すべきは，言語学の研究は，すでに上田が派遣され，その学問の方向性が模索されていたにもかかわらず，英語英文学，ドイツ文学，ドイツ語学のような，今日では，どの大学にも設置されている分野の教科目は，未だお雇い外国人に頼っていたということである。そして，この分野で選抜された４名の人物は，すでに留学経験があり，東京帝国大学教授を歴任した神田乃武を除けば，国家の重責を託されていた若き研究者であった。ただし，彼らに期待されていたのは，語学研究というよりあくまで語学教授法であったと考えられる。なお，ここで登場する夏目金之助とは，後の文豪夏目漱石のことであるが，当時は，熊本第五高等学校の教師という立場であった。1900（明治33）年５月に英国留学の命を受けている。この翌年，1901（明治34）年に，藤岡勝二も，ドイツ，フランス留学を命じられていた。藤岡は，帰国後すぐに，上

田から，東京帝国大学文科大学言語学科を継承して，助教授，教授と順調に昇
格を果している。当時の言語学科の教員は，藤岡一人だけであり，爾来，30
年近くの長きにわたり，東大言語学科，ひいては，当時の言語学界全体をリー
ドしていくのである。

　ちなみに，上述した神田乃武の四男の言語学者神田盾夫（1897-1986）は，
藤岡勝二の直弟子となり，藤岡逝去の後すぐに刊行された『藤岡博士功績記念
言語學論文集』にも論文を寄稿している。この事実をもってしても，藤岡がい
かに長く，東京帝国大学文科大学言語学科で後進の指導に従事していたか，窺
うことができるのである。

　次に，どのような言語学者，国語学者が，『言語學雑誌』に論文を寄稿して
いたのか，その一部を掲げておくことにしたい。また，その研究テーマは，ど
の分野の範疇に含まれるものであったのか，この点についても，みておきたい。

　以下に，第1巻を中心とした，主要な『言語學雑誌』の分野別リストを掲げ
ておく。

　ここで注目すべき事項は，『言語學雑誌』と称しながら，従来の国学の流れ
を踏襲した国語国文学関係の研究と同時に，上田が留学中に学んだ比較言語学
に関わる最新の言語学の理論が混在しながら，一つの学術雑誌を刊行している
ことである。本雑誌を詳らかに考察すると分かるが，比較言語学の導入はみら
れるものの，まだこの段階では，「博言学」から脱した「言語学」の内実は明
らかになっていない。

　また，藤岡勝二は，ドイツ留学から帰朝した後，自らの「国語学」の指針と
なる『國語研究法』を刊行する。それは，上田や保科が目指した国家政策を包
摂する「国語学」とは全く異なる理論であった。現代の言語学の理論的観点か
らみると，明らかに「言語学研究法」と名付けたほうが相応しい内容であった。
藤岡は，本書を出版する段階では，未だ明確に形づけられていない「国語学」
という学問に，最新の言語学の理論を導入しようとしていたことが窺知できる
のである。「言語学」という新しき学問の名称はできていたが，その内実は，
未だ各研究者で，異なっていたのである。『言語學雑誌』は，当時の言語学，
国語学の成立事情を知る上で，第一級の貴重な資料でありながら，研究は未だ
十分ではなく，更なる考察が今後も必要になるであろう。

表 2　『言語學雜誌』の主要な分野別リスト（著者・研究分野・巻号数・題目及びジャンル）

著者・研究分野	巻（号数）	題目及びジャンル
比較言語学		
八杉貞利	第 1 巻（1.4.10）	「フランツ，ボップ」の生涯及學説（史傳）
新村出	第 1 巻（2.3.9）	ヤコブ，グリム（史傳）
音声学		
藤岡勝二	第 1 巻（2.3.8）	發音をたゞすこと・發音を正すこと（論説）
上田萬年	第 1 巻（10）	実験的音声学に就きて（雑録）
言語学史		
保科孝一	第 1 巻（1）	人文史と言語學（論説）
各諸言語に関する研究		
白鳥庫吉	第 1 巻（2−5）	漢史に見えた朝鮮語（論説）
小川尚義	第 1 巻（4−6）	厦門語族に就て（論説）
小川尚義	第 1 巻（10）	ファボラング語に就て（論説）
神保小虎	第 1 巻（6）	アイヌの日本語（論説）
八杉貞利	第 1 巻（2.3）	エドキンス氏の支那語学（雑録）
八杉貞利	第 1 巻（6）	アイヌ語斷片（雑録）
田島利三郎	第 1 巻（9）	台湾の琉球語彙（雑録）
国語学		
芳賀矢一	第 1 巻（1）	狂言記に見えたる諺（論説）
岡田正美	第 1 巻（5.6）	待遇法（論説）
近世の国学者の研究		
上田萬年	第 1 巻（7）	手爾波研究における富士谷本居両家の関係に就きて（論説）
高木敏雄	第 1 巻（5）	説話學者としての瀧澤馬琴（雑録）
南條文雄	第 1 巻（2.4.5）	東條義門傳及參考資料（他）（史傳）
吉丸一昌	第 1 巻（6）	鶴峰戊申（史傳）
吉丸一昌	第 1 巻（7）	保田光則傳資料（史傳）
国語国字問題		
市村瓚次郎	第 1 巻（6）	文字と言語との關係（論説）
フローレンツ	第 1 巻（10）	新定羅馬字書方に就て（論説）
藤岡勝二	第 1 巻（1）	語學界私見（雑録）
藤岡勝二	第 1 巻（9）	ゲルストベルガー氏日本新國字（雑録）
方言		
保科孝一	第 1 巻（2.3.4.7.10）	八丈島方言（雑録）
サンスクリット学		
高楠順次郎	第 1 巻（5）	佛骨に関する史傳（雑録）
言文一致		
藤岡勝二	第 2 巻（4）	言文一致論（論説）
藤岡勝二	第 2 巻（5）	言文一致（論説）

1.3　『言語學雜誌』にみられる藤岡勝二の言説について

　本節では，『言語學雜誌』にみられる藤岡勝二の言説について考察してみたい。『言語學雜誌』の目指すところは，あくまで口語体を用いた文章であり，言文一致を具現化した学術論文を刊行することにあった。これは，国語調査委員会の調査方針である第 2 項目の「文章ハ言文一致體ヲ採用スルコト、シ」という考えと一致している。本雑誌の責任編集人であり，自らも数多の論文を寄稿した藤岡は，「棒引き仮名遣い」を学術論文に導入し，百年以上も前の論文とは思えないような，実に分かりやすい明瞭な文体で音声学に関する内容を寄稿している。この頃，近代の「国語」の成立に関わった中心人物として，筆者は，藤岡，保科孝一，岡田正美を挙げているが，同時に，近代の「言語学」を創りあげた主要な人物として，藤岡，新村出，八杉貞利を挙げることができると考えている。近代の「言語学」が成立する上で，藤岡勝二の功績は看過できないのと同様に，近代の「国語」の成立において，特に尽力した人物として，保科孝一の功績は挙げておかなければならないであろう。保科は，後に，東京帝国大学文科大学国語研究室において，上田とともに，「国語」という理念を構築しようとした。近代の「言語学」は，「国語学」と互いに連携しながら，その学問領域を形づけていくのであるが，両分野が成立する渦中にいたのが藤岡勝二なのである。藤岡の「言語学」に対する学問の理念には，常に西洋からの言語学の影響があったと考えられる。この点において，契沖に関する優れた論考を寄稿した八杉，音韻論，語源，キリシタン文書等を研究対象の射程とした新村とは，藤岡の考えはかなり異なっている。彼は，従来の国学の潮流を断ち切り，分かりやすい言葉で西洋の言語学の理論を，近代の「国語学」という学問に注入しようと考えていたわけである。

　以下は，藤岡が，『言語學雜誌』（第 1 巻第 2 号）の「論説」に寄稿した「發音をたゞすこと」から抜粋した言説である。本文でも窺えるように，藤岡は，これまでの漢文調の文体から脱した口語調のきわめて読みやすい論文を書いている。『言語學雜誌』の「論説」は，現代言語学の機関誌では，「学術論文」に該当する箇所であるが，旧仮名遣いと文語調の文体を除けば，専門用語を用い

るわけでもなく，明瞭で分かりやすい学術論文が掲載されている。本文は，藤岡が，文献中心主義であった西洋の比較言語学ではなく，音声中心主義のヘンリー・スウィート（1845-1912）の影響をうけたため，以下のような音声言語中心主義の理念を具現化した内容になっていると考えられる[7]。

　　　言葉は考を外へ顕す道具であるといふことは云ふまでもない明らかなことであるが，言葉が其道具と定まつて居る以上は道具間違いのない様，あぶないつかひ様をせぬ様，巧みにつかふ様にせねばならぬといふことが起つてくる。

　上記の藤岡の音声中心主義の言語思想は，彼の国語国字問題におけるローマ字化運動の理論と実践，さらに世界エスペラント学会に参加したという事実から窺える。つまり，「言葉の本質は音声である」という考えを貫いており，この言語理論は，「国語学」では，言文一致の考え方と深く結びついている。藤岡が，『言語學雜誌』（第 2 巻第 5 号）の「論説」に寄稿した「言文一致論」では，地域方言の重要性も論じているが，このような思想の淵源は，すべて音声重視の理論からでているものと考えられよう。その典型的な例が，次のように，藤岡が学術論文で用いた「棒引き仮名遣い」である。
　以下の文は，『言語學雜誌』（第 1 巻第 9 号）の「雑録」欄に掲出された「ゲルストベルガー氏日本新國字」の一部である。なお，本文は，上掲した雑誌のp.22を引用し，下線部は，筆者が施したことを断っておく。また，藤岡の他の論文も調査してみたが，彼が，「棒引き仮名遣い」を，何らかの規則的な法則を意図しながら用いた痕跡はみられない。藤岡自身も，小学校令で正式に認められた「棒引き仮名遣い」をどのように用いればよいのか，模索している段階であったのかもしれない。

　氏は日本在來の平假字を分解してこれを單音組織にしよ―といふのが最初の思ひ付らしい。

　最後に，『言語學雑誌』ではないが，近代「言語学」を考える上で，きわめて重要な著書『國語研究法』について述べておきたい。1907（明治40）年に刊行された著書であるが，藤岡が理想とした「国語学」とは，現代の言語学の理論を導入することであったことを如実に窺うことができる。以下の彼の言説をみれば分かるが，本書には，国学の潮流を示す箇所は微塵もみられない。最新の言語学の理論やアウグスト・シュライヒャー（1821–1868），ガーベレンツ等の言語学者の言辞を引用しながら，自らの持論を展開しているのである。なお，本書に関する詳細な内容については，第4章で取り上げることにしたい。

　　此三つは丁度今より三十年前に獨逸の言語學者シライヘル（Schleicher）が凡ての言語の分類を三つにした。その一つ〜に配當することが出來る。

（一）單意語（又孤立語，孤獨語。isolating language）
（二）添着語（又粘着語，添着語とも人は云ふ。agglutinating language）
（三）曲尾語（又屈折語，屈曲語。inflectional language）

　文章語はかやうにして，其變遷をすること比較的遲いものであるけれども，口語はなか〜速やかに變遷する。ガベレンツ（Gabelentz）は吾等の今日の語は遂に昨日の語の通りでないとまで極端に云ったが，さういっても差岡えはない。

　上記の文をみれば分かるが，現代言語学用語の「孤立語」，「膠着語」，「屈折語」が，「単意語」，「添着語」，「曲尾語」になっている。ただし，藤岡は，又はと断りながら，「孤立語」，「屈折語」は，適当な訳語として含めている。筆者自身は，現在でも，日本語の特徴を表すために，「膠（にかわ）」のようなしっかりとした糊で文が連鎖しているのではなく，むしろ「粘着的」といったほうが遥かに正しいと考えている。この点については，4章で詳しく考察したいが，この時点で，藤岡が，現代言語学用語で問題とされる「膠着語」を用いていな

かった点は注視したい。

　また，言語学の専門用語の変遷と定着に関しては，言語学史の観点からも考察すべき重要な課題であるが，注目すべき点は，本来なら言語学で使用する専門用語を「国語」研究に関する用語として掲げていることである。藤岡は，比較言語学の受容，類型学による日本語系統論の解明をすると同時に，近代言語学の祖と称されるフェルディナン・ド・ソシュール（1857-1913），さらに彼の思想に影響を与えたウィリアム・ドゥワイト・ホイットニー（1827-1894）の言語思想にも精通しており，ホイットニーの翻訳も手掛けている。上述したように，藤岡は，近代の「言語学」の黎明期に，西洋の言語学者の様々な思想を学び，その理論を，国語学研究に注入しようと試みたのであった。

　なお，この言語学の専門用語に関する事項については，4章で詳説したい。

2章 『新縣居雑記』からみる藤岡勝二の 果した役割

2.1 『新縣居雑記』とは

　『新縣居雑記』とは，八杉貞利の高弟の一人である東京外国語大学教授和久利誓一（1912-2001）が，八杉の残された日記を整理して，1970（昭和45）年に，刊行した著作である。八杉は，若い頃から，毎日の出来事を正確に記していた。当時はまだ，正式な議事録が存在しなかったため，この日記は，言語学会が成立に至るまでの経緯を克明に記述した頗る貴重な資料といえよう。また，日記というきわめて私的な記録であるがゆえに，当時の正確な事実を把握できる。後に，八杉は，ロシア語学の泰斗となるが，この頃は，近代の「言語学」の成立に大変な尽力をしていることを窺うことができる。先行研究は，佐藤（2008）が，和久利（1970）を随所に引用しながら，八杉の人物像や業績を考察した論文がみられる。今後も，言語学，国語学の功績者としての八杉の本格的な研究が必要になると考えられるが，本書は，「言語学」という学問が樹立する際に，藤岡勝二が果した役割の解明をすることが主眼であるため，八杉の言語思想に関する考察は，稿を改めて論じることにしたい。

　ここで注目したいのは，『新縣居雑記』の「序文」に，藤岡勝二という名前がいっさいみられないことである。八杉の直弟子である和久利誓一は，1970（昭和45）年に，師八杉の残した日記を綿密に整理して刊行したのであるが，この頃には，すでに言語学界の中心的人物は，藤岡が自ら後継者として指名した服部四郎（1908-1995）に継承されていたのである。

　なお，現在に至るまで連綿として存続している日本言語学会は，1938（昭

和13) 年に設立されている。言語学会の機関誌『言語學雑誌』から，現在の日本言語学会の機関誌『言語研究』が創刊されるまで，実に40年近くの時が過ぎたことになる。その間には，様々な学会が立ち上げる機運もあったが実現するに至らず，当時の日本言語学会の会長は新村出，副会長は小倉進平，評議員には八杉貞利が名を連ねているが，1935（昭和10）年に逝去した藤岡勝二の名はそこにはない。藤岡自身，言語学会が実質上の学会活動を中断して以降，新しき学会の構想はあったようであり，もし，日本言語学会創設の折に存命であったなら，学会の会長に推挙されていたことであろう。

　こうした事情もあり，言語学という学問を長らく牽引してきた藤岡勝二は，長寿を全うした同世代の学者と比べ，今日に至るまで，実に不当な扱いをうけてきたことになる。

　では，下記に『新縣居雑記』の「序文」を記すことにしたい。

　　これは八杉貞利先生が東京帝国大学に在学された三年間のうち，明治三十一年，三十二年の二年間の日記である。

　　年わずかに二十一歳で博言学科に入学された先生は，「新縣居雑記」というこの日記の題名の示す通り，西欧言語学の科学的知識の上に新しい国語学を打ちたてる第二の加茂真淵（縣居大人）たらんと志されたのであろう。

　　この期間に先生が読破された古今東西の夥しい数の典籍，この期間に執筆された数多くの著書，論文，批評，紹介，随筆，小説，そしてまた坪内逍遥，上田萬年，上田敏，高山樗牛，落合直文，大町桂月，金沢庄三郎，新村出等，実に一五〇名に上る言及人物―これらはすべて先生の多面的，超人的な活動を如実に物語っている。

　　この日記は，明治中期のわが国の国語学界，言語学界，文壇，歌壇の重要な一面を知るための資料でもあり，七十年前の日本の学生の真剣な勉学の記録でもある。

復刻した段階（昭和45年）では，すでに藤岡は忘れられた言語学者になっていたのである。なお，本書の「解説」には，ウラル語学者徳永康元（1912-2003），藤岡の教え子である金田一京助の子息金田一春彦（1913-2004）が寄稿しているが，この頃には藤岡の学恩を直接受けた学者は，直弟子服部四郎以外に，ほとんどいなかったと考えられる。

本書に記述されている時代とその体裁であるが，次のようになっている。

明治31年度（天部，地部，玄部，黄部）
明治32年3月〜4月（天部），32年度（黄部）

まさに，近代の「国語学」と「言語学」が誕生しようとする時期であり，八杉が残した日記の内容は，近代言語学史を語る上で，頗る重要な資料となり得るのである。

以下に，その一端を掲げることにする。

1898年11月24日
　午前九時出校　上田先生ニ面会　先生ガ専門学務局長ニ栄転之確報ヲキク　一ハ先生ノタメニ之ヲ喜ビ一ハ学問ノタメニ之ヲ悲ム　一喜一憂　言之外也

1898年11月30日
　夕刻新村出氏来訪　相伴テ上田先生ヲ訪フ「ガベレンツ」ヲヨム時間ヲ高楠氏ガモットイフ事ニヨリ大ニ論ゼンガタメ也　不在　失望　一時間余待チタレドモ帰ラレズ

上述した文より，当時，東京帝国大学文科大学博言学科の学生であった八杉が，師上田萬年の文部省専門学務局長就任を喜ぶと同時に，言語学の必読書で

あったゲオルク・フォン・デア・ガーベレンツの著書を上田とともに輪読でき
ないことに大変落胆をしていることが窺える。また，次の文では，新村出が八
杉を訪れることが記されている。新村は，一高時代に，上田萬年が留学から帰
朝したとき，「言語学者としての新井白石」という講演を聞き，いたく感銘を
うけたことがあった。

　1898（明治31）年11月24日付の日記によって，上田萬年が文部省専門学務
局長としての重要な責務を託され，これ以降，上田が，研究者としての時間を
大幅に割くことができなくなったことが分かる。

　なお，新村（1998）には，次のようなことが記されている。『国語学』（昭和
29年9月刊行）に寄稿されたものを，後にまとめ，出版された著書からの抜
粋であるが，上掲の個所以外にも，新村が上田萬年をいかに敬慕していたかを
窺うことができる[9]。

　　私をして言語学研究に導いた事柄として忘れ難いのは，明治二十七年
　十一月十日頃と思うが，その年独・英・仏三ヶ国の留学から帰朝された上
　田万年先生が，東大の言語学の教授として，日本人最初の博言学講座の担
　任者として，当時あった帝大の一ツ橋講堂で，三宅米吉先生と共に最初の
　公開講座をされたのを辻善之助と共に聴講に行ったことである。三宅先生
　の講演は那珂先生などと同じ傾向のもので，西域地方におけるギリシャ文
　化の流れという様なことを話されたが，そのあとで，上田先生が，「言語
　学者としての新井白石」と，かなりはでに聞えた。新帰朝学者の放った最
　初の講演に胸躍るばかりの気持であった。

　上記のような事情もあり，新村と八杉が，上田に対して深い畏敬の念を抱い
ていたことが窺える。すでに，サンスクリット学の泰斗であった高楠順次郎の
代講であっても，当時の二人の言語学徒を納得させることができなかったので
ある。

　次節では，『新縣居雑記』にみられる藤岡勝二と彼と深い交流のあった人物

を取り上げ，近代「言語学」に尽力した人々の記録を辿ることにしたい。

2.2　『新縣居雑記』にみられる藤岡勝二と関連する人物の記録

　本節では，藤岡勝二の『新縣居雑記』にみられる記録と同時に，近代「言語学」という学問を確立させようとした重要な人物について考察したい。
　次の順に各人の記録をみていくことにする。

① 　藤岡勝二
② 　上田萬年
③ 　新村出
④ 　保科孝一
⑤ 　金澤庄三郎
⑥ 　井上哲次郎

　藤岡勝二の初期の論文を丹念に考察すると気づくが，言語学会の黎明期において，藤岡は，音声重視の研究を主眼としていた。現代言語学における「音声学」という用語も，この頃は，「声音学」という名称が一般的に用いられており，八杉も「声音学」という用語を使用している。ただし，藤岡勝二だけは，この分野を独立した言語学における主要な学問分野にする意図があったのか，一貫して「音声学」という独自の用語を使用している。なお，この時期に，藤岡が影響をうけた言語学者として，ヘルマン・パウル（1846-1921）と音声学者エドゥアルト・ジーネルス（1850-1932）を挙げることができるが，この二人の著書は，以下の八杉の『新縣居雑記』にみられるように，当時の言語学徒にとって通読すべき必読書であったと考えられる。[10]

1899年2月28日
　　書「パウル」語史研究法，「ジーベルス」声音学

　ただし，新村（1998）は，ヘルマン・パウルの思想に多大なる影響をうけながらも，一方で，実際に接した印象が頗る悪かったことを回想録で述べている。この両方の箇所を下記に掲げておきたい。

　　しかし私としてはヘルマン・パウルの『言語史諸原理』を批読せしめられた演習が一番役に立ったように自覚している。このことは一度私の『言語学概論』の序説に回顧したことがあったから，ここに記るすまい。私の三年生のとき，外山正一博士か樺山伯の文相の下に在って専門学務局長を務められることになり，そのため言語学の講座を一時高楠教授に譲られたこともあった。[11]

　　印欧比較言語学の泰斗ブルーグマン教授がザクセン方言なまりまじりの講義は，今も耳にのこる。『言語学諸原理』の名著，東大在学中の恩師上田万年先生のゼミナールで会読論評した思い出も深いが，本場の一つとも称すべきミュンヘン大学の講義で，ヘルマン・パウル老教授の講義ぶりには，むしろ幻滅を感ぜしめられた。[12]

2.2.1　藤岡勝二の記録

　では，次に，実際に，藤岡が言語学会の創立に関して，どのような役割を果していたのかみていくことにしたい。そして，同時に，藤岡の周辺にいた言語学会結成に関わる重要な人物についても考察していきたい。

　八杉の『新縣居雑記』には，次のような瞠目すべき事項が記されている。

　まず，以下に，藤岡の名が掲出された文だけを挙げることにする。

　1898年2月12日

　　午後一時ヨリ文学士藤岡勝二氏宅ニテ言語学会創立相談会アルベキ報ヲ
ウ即同時刻

新村, 渡辺両氏ト携テ氏ノ宅（森川町仏教青年会内）ニ至ル　会者　猪狩,
金沢両文学士　新村, 岡野, 渡辺, 矢野, 八杉, 五博言学科生之ナリ　新
村氏ノ草案ニヨリ議ス　容易ニ決セズ　結局一ヵ点ニテ再上田先生ノ意見
ヲ確ルタメ新村氏ヲワズラワスコトトス　由テ散会午後四時半也

　この日記をみる限りでは，言語学会が結成されるにあたり，藤岡が中心的存
在となり，新村が草案を作成した後，最終的に上田の意向を伺うという流れが
できていたように思える。これが事実上，本格的な言語学会創立相談会と考え
られる。

1898年 3 月 16 日
　　言語学会件ニツキ新村ト種々相談中々時間ツブシナリ
　二時半校ヲ辞シ　森川町藤岡文学士ヲ訪ヒ会ノ件ニツキ意見ヲキク
　コレヨリ小石川白山台町ケーベル先生ヲ訪フ

1898年 3 月 21 日
　　言語学会発起人会ナリ　上田, 藤岡, 新村三氏来ル
　金沢, 猪狩両氏差支アリ来ラズ　種々商議談話ス　五時ヲキヽテ散会六
時帰宅

1898年 4 月 28 日
　　言語学会件ニツキ藤岡文学士ヲトハムトス　道ニ遇ヒ相談シ奈良原氏
　遊説之件ヲ託ス　本日氏ト共ニ上田先生ヲマチシガ登校無カリキ

1898 年 4 月 29 日

　　藤岡文学士書ヲ岡野氏ニ托シテ送ラレ奈良原氏ニ行クベキコトヲ請求サル　学業終結後上田先生ニ面会シ此件ヲハナシ，奈良原氏ヘ演説請求之件ヲ請託ス

1898 年 4 月 30 日

　　上田先生ニ面会奈良原氏之件再確ム　……〈中略〉……一時半帰宅藤岡，斉藤両氏ヘ用状ヲ出ス

1899 年 4 月 14 日

　　発　藤岡勝二氏

1899 年 4 月 18 日

　　終校後新村出氏ト共ニ本郷五丁目藤岡勝二氏ヲ訪問シ言語学会雑誌発刊ノ相談ヲ行ウ

1899 年 4 月 19 日

　　発　大町桂月氏　藤岡勝二氏　田辺正二氏

1899 年 4 月 20 日

　　来　藤岡勝二氏

1899 年 4 月 23 日

　　言語学会雑誌幷帝国文学原稿筆ス　　発　藤岡勝二氏

　1898年以降，藤岡とその後輩の八杉とは，言語学会に関して相談をするために，頻繁に会っていたことが読み取れる。

　ここで特筆したい事項は，1899年4月18日に八杉が，講義が終了した後，新村出とともに，本郷五丁目の藤岡勝二の自宅に訪問して，言語学会の機関誌『言語學雑誌』の相談をしていることである。言語学会の実質上の中心的人物は，この頃すでに藤岡勝二であり，次の項でもみられるように，上田萬年は，本会の精神的支柱であったと考えられる。

　また，上記の記録や，後の②上田萬年，③新村出，④保科孝一に関わる記録から分かるように，1898（明治31）年2月12日に，言語学会創立相談会が，藤岡宅にて行われ，翌月，上田萬年，藤岡勝二，新村出の三名が議論を交わしていることを読み取ることができる。1899（明治32）年4月18日に，八杉は，新村とともに，藤岡勝二に言語学会の機関誌『言語學雑誌』の方針について相談をしている。藤岡もこの頃ドイツ留学を控えていたが，『言語學雑誌』の編集人として最後まで名を連ねていたことから，留学前から，雑誌の方針を概ね決定していたと考えられる。次に，上田との関係であるが，八杉は，新村と言語学会の方針を諮り，藤岡が中心的役割を果しながら，最終的に上田の諾否を問うために奔走していたことをみてとることができる。

　以上のことからも，『新縣居雑記』は，言語学会とその機関誌『言語學雑誌』が成立する経緯を把握できる頗る貴重な資料といえるのである。また，言語学史に関わる一般書では，言語学会とは，1898（明治31）年に上田の弟子を中心にして結成され，1900（明治33）年に『言語學雑誌』が創刊されることだけが記されているが，この間に，八杉，新村の大変な尽力があり，その中心的役割を藤岡勝二が果していたのである。会の精神的支柱は，勿論上田萬年であるが，実質的な会の指導者は藤岡とみなすことができるのである。この時点で，藤岡の先輩として，博言学科を卒業した金澤庄三郎（1872-1967）がいたが，後述する八杉の日記にみられるように，金澤が留学を控えていたこともあり，会には積極的に参加していないことが分かる。ただし，『言語學雑誌』に自らの論文を寄稿しており，留学する以前に，掲載される論文を残していたことは明らかになっている。

2.2.2　上田萬年の記録

　次は，上田萬年に関わる記述を挙げることにする。ただし，この場合も，新村同様に，言語学会に関わる事項の記述だけを掲げることにしたい。

　　　1898年2月28日
　　　上田先生に面会　言語学会規則印刷及帝文掲載之件ヲ依頼ス[13]

　　　1899年8月14日
　　　夕刻ヨリ上田師訪問，快談，十時帰宅

　次に，新村出の言語学会に関わる記録を考察したい。

2.2.3　新村出の記録

　　　1898年2月21日
　　　此日新村氏ヨリ言語学会発起人会ニ関シテ聴クコトアリ

　　　1898年2月23日
　　　此日新村氏へ言語学会発起人会件ニ関シテ私見ヲ語ル

　　　1898年2月24日
　　　新村氏ヨリ言語学会発起人相談不調ノ旨ヲキク

　　　1898年2月25日
　　　本日言語学会発起人件ニ関シテ矢野氏ニ語リ渡辺氏ニ語リ私見ヲ述ブ

　終ニ博言科生五人会合ノ結果，種々考案前議（発起人中ニ二年ヨリ二
人ヲ出スノ議）ヲ翻シテ二年一年ヨリ一人宛ヲ出スコトトシ新村氏幷ニ
余之ニアタル　辞スレトモキカレズ密ニ任ノ大ナルヲ思ヘリ

1898年5月12日
　　昨日言語学会発起人会アリシヲ余欠席ス　本日新村出氏ヨリ来十四日
土曜第一回講演之決議ヲ聞ク　コレニツキ奔走

1898年5月14日
　　言語学会講演ニツキ東西ニ奔走頗心配ス　講演終リ茶話会ニ移リ五時
終結　永持徳一氏ト供テ氏宅ニ至リ快談十時帰宅ス　会ノ件ニツキテハ
記スベキ事山ノ如クナレトモ萬感交至テ到底筆スルニ堪ヘズ[14]

　ここで注目すべき事項は，上記の記録により，言語学会発起人会，及び，第
一回言語学会講演会の正式な日程が明らかになったことである。また，次の八
杉の記録により，その後も，言語学会が開催されていることがわかる。
　以下に，言語学会に関する会議の正式な日程を掲げることにする。

　1898年12月13日
　　　今晩言語学会談話会アルニヨリ務メテ二時ヨリ出校　コノ頃ヨリ雨漸
　ク少シ　巴里語一時ヲ終リ，午後五時ヨリ学士会々所中ノ言語学会ニ臨
　席

○上記の記録から判明した言語学会に関わる会議の日程

　1898年2月12日　　　　　言語学会創立相談会（藤岡勝二宅にて）

1898年3月21日	言語学会発起人会（博言学科二年新村出,
	博言学科一年八杉貞利が代表に決定する）
1898年5月11日	言語学会発起人会（第2回）
1898年5月14日	第1回言語学会講演会
1898年10月22日	言語学会（第2回）
	田島利三郎氏講演（琉球語）
1898年12月13日	言語学会談話会　言語学会（第3回）

　なお，言語学会発起人会並びに言語学会の日時の開催に関しては，本記録によって推定できたものであり，その間に，何回か会が催された可能性があることは否定できない。実際，『言語學雑誌』第1巻第4号の「雑報」p.83には,「言語學會大會」と題して，明治31年5月18日に発会式を挙げたことが記されている。この日が，事実上第一回目の言語学会とみなすことができる。

　　1899年9月2日
　　　　日　土　雨　あいぬ語筆記　国語学小史，西洋哲学史（蟹江文学士）
　　　　ヲヨム
　　　　来　新村出氏　みとり会
　　　　記　前回余新村氏ヲ訪フヲ約シテ訪ハザルヤ，氏書ヲ寄セテ曰ク（羅
　　　　句文）
　　　　［ラテン語文書　省略］
　　　　　余あいぬ語ヲ以テ答フ
　　　　［アイヌ語文書　省略］
　　　　　氏遽ニ希臘語ヲ以テ答ヘテ曰ク
　　　　［ギリシャ語文書　省略］

　ここで特筆したい事項は，新村がラテン語で書いた書面を八杉が受けとり，今度は，それに対して，八杉がアイヌ語で返信をしていることである。そして，

また，新村がギリシャ語で書面を返している。東京帝国大学の中でも，当時の言語学科がきわめて難しい学科であり，在籍者は，当然のごとく，ラテン語，ギリシャ語を熟知しており，専門の言語以外にも，あらゆる言語に精通していたことは，瞠目すべきことであろう。

　さらに，『新縣居雑記』には，後に，上田萬年とともに，国語学の樹立に尽力する保科孝一に関する事項が記されている。保科は，藤岡とともに「国語」に関する事項取調の任にありながら，次にみられるように，『言語學雑誌』の体裁についても，持論を述べており，創刊号にも「八丈島の方言」という「方言学」に関わる先駆的な論文を寄稿している。一方，方言に関する研究は，新村出も進めており，『言語學雑誌』第 3 巻第 3 号の最終号の「雑録」に「方言の調べ方に關する注意（上.）」という論文が掲載されている。『言語學雑誌』が廃刊になった真の理由は未だ詳らかではないが，新村が次の号にも，方言の調査方法に関する論文を掲載するつもりであったことは，この号からも窺える。『言語學雑誌』は，この号で終刊になる予定はなかったのである。また，新村は，保科と同様に，積極的に方言調査を進めていたが，多数の資料が関東大震災で灰燼に帰したといわれている。いずれにせよ，保科が当時，「言語学」という学問の創設に関して，相当な意欲を有しており，自ら雑誌の構成までも意見を述べていることは興味深い。ここに，国語学，国語教育でもない，言語学者としての保科孝一の別の一面がみられることは特筆すべきことであり，日本における社会言語学の先駆けとなる方言の論文を寄稿したことは確かな事実といえるであろう。

2.2.4　保科孝一の記録

1898 年 3 月 17 日
　　　保科文学士ヨリ雑誌ニ関シテ注意ヲウク（上欄ヲ設クルコト　書籍ノ便概ヲ載ル事等）

1898 年 4 月 18 日
　　　保科文学士に面談　言語学会講演愈開始ノコトヲキク

　次は，上田萬年を除くと，東京帝国大学文科大学博言学科では，最も年長に
あたる金澤庄三郎に関する記録についてみていきたい。

2.2.5　金澤庄三郎の記録

　　1898 年 7 月 15 日

　　　　業ヲ終リ四時ヨリ新村氏ト携ヘ，金沢文学士ノ朝鮮留学送別会ニ赴ク
　　　　日本橋亀島町偕楽園ナル支那料理也　コノ頃ヨリ天漸ク晴レントモ道
　　　　路ナホ泥濘会者十人許　上田師，フローレンツ師来ラル　九時散会

　『新縣居雑記』では，新字体の金沢となっているため，本文もそのままに記
すことにする。金澤庄三郎は，本節で掲げた上田萬年の門下では，最年長であ
り，『言語學雑誌』にも論文を寄稿している。刊行よりほぼ 2 年前に朝鮮に留
学していることから，この頃には，論文は書き終えていたと考えられる。現在，
最も信頼できるプレステージ（prestige）「威信」を有する辞書といえば，新
村出が編纂して，岩波書店から刊行された『広辞苑』（当初は，『辭苑』）とい
えるであろう。しかしながら，それ以前には，金澤庄三郎が編纂して，三省堂
から刊行した『廣辭林』（当初は『辭林』）が，最もスタンダードな辞書とみな
されていたのである。

　以下では，当時，東京帝国大学文科大学学長であり，人文学の泰斗井上哲次
郎が，博言学科の学生に対して，今後の研究の指針として注文をつけている記
録がみられる。新しき「言語学」という学問を創設しようとした学生に対する
期待を窺うことができ，実に興味深い。なお，井上は，『言語學雑誌』創刊号
にも，祝辞を寄稿している。

2.2.6　井上哲次郎の記録

　　1899 年 3 月 23 日

　　　　筆　本日井上学長ノ演説アリシ由　一寸学校ニヨリタルトキソノ要旨
　　　　ヲ聴ク，要旨一二ハ
　　　　1　博言学科々生ノ少クシテ専門語学者ノ欠乏セルコト

2　卒業生ノ広ク教員外ノ社会事業ニ従事スベキコト

3　翻訳ノ慎ムベキコト

4　老碩学漸次逝カル、ニヨリ後嗣者ヲ以テ任ズル者ノ出ヅベキコト

　他にも，国語，国文学関係の学者として，次のように吉岡郷甫（1876-1937），岡井慎吾（1872-1945）という名も散見できる。吉岡郷甫は，国語学者，岡井慎吾は漢文学者として知られた著名な研究者であるが，当時の八杉は，国語学者や漢文学者，さらには，歌人等多彩な分野の研究者と交友を深めていたことが，彼の日記から読み取ることができる。

1898 年 8 月 6 日

　　岡井慎吾氏来訪

1899 年 9 月 4 日

　　午後唐沢光徳君来訪　相共テ本郷ニ到リ氏ヲ訪フ　吉岡郷甫氏ハ今回仙台高等学校教授トシテ赴任セラル、ナリ

2.3　言語学会における特別会員について

　今回の考察を通して，上記の人物の記録以外にも，当時の各分野の碩学と呼ばれる人物に対して，言語学会では，「特別会員」（本文では，略して「特会」と記されていることがある）という制度を設け，学会の会員として協力を願っていたことが，明らかになった。『言語學雑誌』には，この点に関する詳細な記述がみられないため，『新縣居雑記』が，いかに言語学会設立以前の内情を知るための資料として貴重であるかを知ることができる。

　以下に，該当する箇所を記すと，次のようになる。

　1898 年 3 月 29 日
　　新村出氏ヲ訪フ　快談数刻　後四時頃相携ヘテ浅嘉町落合直文先生ヲ訪
　フ　面会　言語学会特別会員請嘱承諾

　1898 年 3 月 30 日
　　午後四時出デ永持氏ヲ訪フ　坪内氏ヘ紹介ヲ乞ハムトテ也　新村氏亦
　来ル　三人相携ヘテ出デ大久保坪内雄蔵先生ヲ訪フ　面会　快談一時
　言語学会特会承諾ヲウ

　1898 年 4 月 18 日
　　坪井正五郎先生ヲ人類学教室ニ訪ヒ本会特会ノ承諾ヲウ

　1898 年 4 月 19 日
　　言語学会件ニテ奔走　物集先生ニ頼ム　神田先生承諾　三時半終リ帰
　途向岡弥生町坪井九馬三先生ヲ訪フ拝面　特会諾ヲ求メテハネツケラレ
　ル　大イニ言フ　要領ヲエズ

　上記の記録から判断すると，快諾した人物が，次のとおりになる。いずれも，
この時点において，すでに他分野の泰斗と呼ばれる学者や小説家に，特別会員
の承諾を要請していたことが分かる。

　落合直文（国文学）
　坪内雄蔵（小説家・評論家・劇作家）（筆名　坪内逍遥）

坪井正五郎（人類学）東京帝国大学教授

なお，拒絶した人物が以下のとおり一名みられた。

坪井九馬三（歴史学）東京帝国大学教授

　拒絶したのは，歴史学者坪井九馬三（1858-1936）であった。会の趣旨や本人の思想信条と相いれないことがあったとはいえ，彼だけが，口語体を中心とした言語学会の方針に対して反対であったことは間違いない事実であった。一方，国語国文学関係の研究者である落合直文（1861-1903），坪内雄蔵（1859-1935），そして，人類学者坪井正五郎（1863-1913）は，賛意を示している。坪内雄蔵は，言文一致運動にも理解があり，自ら言文一致に関わる理論だけではなく，実践に移しており，小説家坪内逍遥として，この頃の小説家として，広く知られていた。言語学会という会を設立する際に，まず，国語国文学者だけではなく，他分野である人類学者，歴史学者も，言語学会の特別会員として遇しようとしていたのである。この頃の「言語学」の分野は，言語学だけでなく，国語国文学の分野も包摂したものを想定したことは，『言語學雑誌』に寄稿された論文からも窺知できる。

　さらに，人類学や歴史学の碩学までも，言語学会の会員に特別会員として所属させようとしたのである。当時は，「博言学」から脱し，新たなる「言語学」という学問を樹立する上で，未だ確固たる方向性が存在していなかったことが考えられるが，その一方で，上田を精神的支柱とする言語学会が創設される中で，学問分野として認められるためには，各分野の泰斗の協力を仰がねばならなかった事情もあったのかもしれない。今日のように数多くの学会，研究会が存在していない段階で，新しき「言語学」という名を冠する学会を設立することが，いかに難しいことであったかを知ることができる好個の例といえよう。

　なお，東京帝国大学の学生も論文を寄稿した『帝國文學』に対しては，そのようなことは生じなかった。次にみられるように，当時，東京帝国大学博言学科の学生であった八杉も関わっており，後に，藤岡勝二も編集委員として参加している。

1899 年 3 月 14 日

　　　記　本日第一回帝文委員列席

2.4　八杉貞利の記録と言語学に関わる重要事項

　最後に，日記を残した八杉が，いかに日本言語学会の創設に奔走したかを窺うことができる箇所を挙げておきたい。また，その他に，八杉の日記に関わる重要な事項も指摘しておきたい。

1898 年 3 月 3 日

　　　言語学会件ニ関シテ奔走

1898 年 10 月 20 日

　　　言語学会招待状ヲ書ク

1898 年 10 月 22 日

　　　一時ヨリ言語学会へ列席　田島利三郎氏へ琉球語談アリ

1899 年 2 月 15 日

　　　筆　「マクスミュルレル」と「ホイットニー」トノ論争（完）

1899 年 3 月 29 日

　　　筆　言語学会（続）

　上記のことから，1898年10月22日に，言語学会が開催されたことが判明した。また，1899年2月15日の記録より，後に，言語学会の機関誌『言語學雑誌』の創刊号に掲載される論説「『マクス，ミュルレル』に對する『ホイットニー』の論争」が，すでに前年度の2月に完成していたことが分かる。『言語學雑誌』が創刊されて1年間，ほぼ毎月のペースで刊行され，初年度には計10号の学術雑誌が出版できた理由の背景には，この日記から窺えるように，すでに執筆者，テーマ等が準備されていたからであろう。

　なお，ここで，この日記で掲出されている人名表記を挙げておきたい。現在，一般的に使用されている人名表記とは異なる例もあるため，この頃は，まだ言語学の黎明期であり，専門用語だけではなく，人名表記も確立していなかったと考えられる。ここでは，該当する人物表記に下線を施すことにした。

　また，上記の箇所により，当時の東京帝国大学博言学科の学生が，どのような文献を輪読していたのか窺うことができる。今日の言語学界においても，きわめて難解な著書，例えば，青年文法学派，音声学，心理学等の文献も，20代の言語学徒が読んでいたことを読み取ることができる。なお，言語学者や関連する各学問分野の重要人物の表記に関しては，第4章で詳細に扱うことにしたい。

1898年7月1日

　神話学及「デルブリュック」を読ム

1898年7月22日

　本日「ガベレンツ」ヲ学校ヨリ借受

1898年9月29日

　図，閲 −「ブルグマン」印欧比較文典

1899年3月11日

「シーベル」声音学，「ケーベル」美学

1898年3月28日

読　仏文「ボップ」比較文典　「ベンファイ」言語学史

1899年12月10日

言語学史近世書類　哲学史　心理学ヴント

　下記は，当初，八杉が将来の研究対象として射程に捉えていたアイヌ語についての記録である。

1899年2月27日

本日始メテ神保小虎先生あいぬ語講義ヲキク

　東京帝国大学理科大学教授神保小虎（1867-1924）は，地質鉱物学者であったが，『言語學雑誌』にアイヌ語に関する優れた論考を寄稿している。一方，後にロシア語の泰斗となる八杉も「アイヌ語斷片」という論文を寄稿している。八杉が自らのライフワークの研究をロシア語と決めたのは後のことであり，上田萬年は，おそらく八杉にアイヌ語の言語研究を託そうと考えていたのかもしれない。自らの弟子に各言語を学ばせ，比較言語学的観点から，日本語の系統を明らかにすることが上田の目的であり，八杉にはアイヌ語を期待していたのであろう。しかしながら，この後，八杉はロシアに留学して，本格的にロシア語学の研究を進めることになり，最終的にアイヌ語学の研究を継承したのは，金田一京助になったのである。なお，神保小虎の実弟神保格（1883-1965）は，

藤岡勝二の直弟子となり，彼のローマ字化運動の理論と実践に多大なる影響を
うけ，専門の音声学の研究と同時に，自らもローマ字化運動に熱心に取り組ん
でいった。

　上述してきたように，八杉が東京帝国大学文科大学博言学科在籍中に記した
『新縣居雑記』という日記の考察を通して，言語学会設立までの経緯をはじめ，
様々な事実を知ることができた。当時の言語学会は，確かに1898（明治31）
年に設立され，1900（明治33）年に機関誌『言語學雑誌』を創刊したが，様々
な紆余曲折を経て，学会設立や学会誌の準備が整えられており，事前に掲載雑
誌の方向性は概ね決定していたことが窺える。

　さらに，上田の弟子を中心とした会ではあるが，すでに泰斗といえる他分野
の研究者たちを特別会員として，迎えた事実も判明した。しかしながら，
1902（明治35）年に，本雑誌は，わずか3巻18号をもってして終了し，同時
に言語学会も散会する。勿論，当時の記録をみる限りでは，学会，学会誌の発
行は継続する予定であったことが分かる。そして，今日まで連綿として継承さ
れている日本言語学会の創設は，1938（昭和13）年まで待たねばならなかった。
この折の会長が新村出であり，小倉進平，金田一京助，服部四郎も要職に就い
たが，3年前に逝去した藤岡勝二の名は，そこにはなかった。日本言語学会も，
その後すぐに順調なスタートを切ったわけではなく，実質的に始動するのは，
1950（昭和25）年とみてよいであろう。

　第1章，第2章を通して，近代「言語学」の象徴ともいえる言語学会の創設
の経緯を知ることができた。当時の国語学，言語学関連の概説書では，「言語
学会」の設立事情については，概ね次のような内容で記されている。すなわち，
1898（明治31）年に，上田萬年が自らの弟子を中心に結成して，1900（明治
33）年に，機関誌『言語學雑誌』を創刊したということであり，この事実自
体は，決して誤謬ではなく，何ら異論を唱えるつもりはない。しかしながら，
上記の説明だけで，近代「言語学」の象徴といえる言語学会，その機関誌『言
語學雑誌』の成立事情の全貌が明らかになっているとはいえない。本著の1章，
2章では，こうした現状に鑑み，現代の言語学界では，すでに忘れられた存在
でありながら，この時代を語る上で頗る重要な人物である言語学者藤岡勝二に
焦点をあて，彼の言語思想と同時代の人物，当時の社会的背景を視野にいれな

がら，近代「言語学」がいかに成立したのか考察することにした。近代「言語学」を理解する上で，重要な事項として挙げなければならないのは，「博言学」から脱して，新しき「言語学」という学問が誕生した頃，言語学会ならびにその機関誌『言語學雑誌』が刊行されたことである。そして，本考察を通して，言語学会と機関誌『言語學雑誌』の経緯を概ね明らかにすることができたと考えている。この理念を構築したのは，確かに上田萬年であり，その後「国語学」という学問の確立に専念していくのであるが，『言語學雑誌』の刊行に際して，実質上，主軸としての役割を果したのは，諸資料を検討した結果，上田の「言語学」の後継者となる藤岡勝二であった。また，「言語学」の創立に尽力した人物として，後の京都帝国大学教授新村出，ロシア語学の泰斗であり，東京外国語大学教授八杉貞利の名を挙げることができる。言語学会が創立するまでの流れであるが，まず，藤岡を中心とした会議が催され，その後，新村と八杉が草案を作り，最終的に八杉が上田の意向を伺いにいき，諾なら，次に方針を進めていったのである。そして，随時，藤岡を中心に会議を行っていたということである。中心的存在は，あくまで藤岡勝二であり，新村出，そして，当時まだ，東京帝国大学博言学科の学生であった八杉貞利が，最も言語学会の設立に尽力したとみなすことができるであろう。

　また，同時に，拙著（2013）を刊行して判明したことであるが，近代「言語学」の成立は，近代「国語」の成立と決して無縁であったとはいえないことである。近代「言語学」の創立に寄与した代表的人物，藤岡勝二，新村出，八杉貞利とすれば，近代「国語」の成立に最も尽力した人物として，藤岡勝二，彼を軸にして，岡田正美，保科孝一の三名を挙げることができるであろう。この三名は，いずれも，1900（明治33）年に創刊された『言語學雑誌』にも，自らの論文を寄稿している。

　なお，官制の国語調査委員会が設立される以前に，国語調査会が創始されているが，このメンバーには，数多の人文学の泰斗が名を連ねていた。この委員会が成立する以前，1898（明治31）年4月に，若き言語学徒であった藤岡勝二，保科孝一，そして国語学者岡田正美が加わり，「国語」に関する事項取調の嘱託を託されていることは注目しなければならない。また，上述したように，後に，この三名は，『言語學雑誌』の「論説」欄にも，今後の言語学の中心的テー

マとなる重要な論考を寄稿している。

　その後，藤岡勝二は，1907（明治40）年に刊行した『國語研究法』において，言語学の理論を国語学に導入しようと試みている。藤岡が，漢字廃止，表音式文字に賛同して，新しき「国語学」と「言語学」の理念を構築しようとした点については，上記の研究者と志を同じくしていたが，その理念に関しては些か異なる言語思想を有していたとみられる。いずれにせよ，筆者は，本書において，近代「言語学」の成立事情にとって，最も重要な人物は，上田から東京帝国大学文科大学言語学科を継承した藤岡勝二を位置づけることができると考えている。

　今後も藤岡の言語思想をさらに綿密に考察することが，空白の近代言語学史の解明に大いに寄与するものとみなすことができるのである。

　次章では，近代「言語学」成立当初の研究課題や藤岡の言語学会創設の頃の言語観について詳しくみていくことにする。とりわけ，藤岡勝二という名が最も知られている「日本語の位置」を発表した年，1908（明治41）年までを中心に考察していきたい。これ以降の近代「言語学」の潮流は，継続して調査，研究を進め，II以降の刊行に譲ることにしたい。

　まず，その初期の代表作『國語研究法』の詳細について考察しながら，黎明期の言語学における専門用語や言語学の研究分野について検討してみることにしたい。

3章　黎明期における近代「言語学」の研究分野について

3.1　言語学の研究分野について
　　　─とりわけ「社会言語学」の成立を巡って─

3.1.1　社会言語学とは

　社会言語学の黎明期は，日本では国立国語研究所による方言研究，すなわち「言語生活」という名の下，創始されたと考えられてきた。一方,欧米では，ノーム・チョムスキー（1928-）の生成文法による批判によって本格的な研究が進められたとみなされている。このような社会言語学の潮流に異論を唱える説もあるが，概ね，上述した理解の仕方で間違いないであろう。それ以前の主たる言語学の分野は，比較言語学，構造言語学，そして，自然有機体観によって支配され，ダーウィニズムの影響をうけた言語学の理論にまで遡及することができる。言語学者アウグスト・シュライヒャーは，言語を鉱物，植物，動物の進化になぞらえて，言語も，孤立，膠着，屈折と進化し，同様に，文明も発展していく性質があると考えていた。比較言語学においても，ことばと社会との存在は捨象され,言語学とは人智の及ばない自然有機体的な存在であった点では，ダーウィニズムの理論と何ら変りはなかった。しかしながら，ほぼ，この時期に，抑圧された言語という存在を，人間の力によって変えることを提唱した人物がいた。現在，言語学の主たる潮流は，生成文法と認知言語学に継承されているが，認知言語学はともかく，生成文法は，話者と言語との間に社会という存在が全く介在しない。これに相反する理論が，ウィリアム・ドゥワイト・ホイットニーが想定した，言語を「社会制度」とみる考え方である。さらに，特

筆すべき事項は，自然有機体観から脱し，ことばを変えるのは人間の力であることを，欧米に先駆け，いち早く唱えた人物が，日本の言語学界にいたことである。日本においては，お雇い外国人教師バジル・ホール・チェンバレンが導入した「博言学」から，国語学の泰斗上田萬年が創始した「言語学」へと，学問分野が，まさに移行しようとする頃であった。この人物こそ，後に上田から言語学科を受け継ぎ，東京帝国大学文科大学主任教授に就任する藤岡勝二であった。

上述してきたように，藤岡は，東京帝国大学において，実にほぼ30年もの間，たった一人で若き言語学徒の教育と言語学の研究に尽力した人物である。現代言語学なら，日本における社会言語学の先駆けとなった研究者といえば，鈴木孝夫（1926-），田中克彦（1934-）といった学者たちを，その象徴として挙げることができるかもしれない。しかしながら，今からおよそ100年以上も前に，藤岡が，「ことば」と「社会」との関係を示唆したこと─ことばを変えるのは，人間の力である─を強調していたことは括目すべき事項であり，現代言語学に携わる人たちが，決して忘れてはならないことといえよう。

3.1.2 言語と社会との関係─『言語學雑誌』にみられる言説

既述した『言語學雑誌』では，勿論，まだ，現代の社会言語学の名称や概念は現われていないが，第3巻第1号において，「言語と社會との關係」という題目で，「雑報」欄に，次のような内容が記されている。なお，傍点部は，原文にも付記されている[15]。

　　　吾々が言語を使用するに際しては其言語の社會との關係を能く注意せねばならぬ若しこの注意をなほざりにしたならそれこそ非常な不都合を来す場合が出来るのである吾々が使用して居る言語の中には身分の高下や職業の違ひや男女の間によつて著しい差異があるのは誰れも知つて居るであらう屹度世間から笑はれて赤恥を掻くにちがひはない言語は一般社會に普通に使用せられるものも澤山あれどまた或特別な社會だけに使用せられるものも甚だ多いものであるこの或特別な社會だけに使用せられる言語をその

社會以外に用ゐたなら其時には滑稽となり世間から笑はれ赤恥を掻くのは明かな事である

　社会方言学の観点から，「言語」と「社会」との関係を論じた内容であるが，1902（明治35）年という時代に，「言語」と「社会」との関係について，既に当時の研究者がこの問題を意識をしていた事実については注視しなければならないであろう。

　なお，現代の社会言語学の研究テーマであるが，真田（1992）は，『社会言語学』で，混沌とした社会言語学の研究対象を，以下のようなトピックにまとめている。社会言語学の研究対象を明らかにした点において，上掲書は，現代の社会言語学の記念碑的な労作といえるであろう。

　　○属性とことば
　　○言語行動
　　○言語生活
　　○言語接触
　　○言語変化
　　○言語意識
　　○言語習得
　　○言語計画

　現代言語学の立場からみれば，「言語習得」は心理言語学の分野に属し，「言語計画」は言語政策という名称が一般的であるかもしれない。しかしながら，このような分類方法を提示するまで，日本における「社会言語学」とは「言語生活」に関わる研究と位置づけられ，実に曖昧模糊とした研究分野であった。

このようなトピックを配することによって，何を研究対象とすべきなのか明確になったといえよう。現在では，上記の分野に関わる社会言語科学会，日本言語政策学会等が活発な研究活動を行っている。

　なお，本節の重要な論点であるが，以下に述べる二点に集約することができると考えられる。一つは，拙著（2013）でもふれたが，現代言語学では，社会言語学という研究分野は，比較言語学，構造言語学等と比べると，新進気鋭の学問に属するとみなされがちであるが，実際には，1907（明治40）年に，藤岡が上梓した著書を綿密に検討していくと，「言語」と「社会」の関係性に気づいていた箇所が随所に散在し，すでにこの頃に，今日の社会言語学の萌芽をみることができるということである。

　そして，もう一点は，この理論が，「言語学」の研究法ではなく，「国語」の研究法として提唱されたことである。近代言語学は，フェルディナン・ド・ソシュールをもって創始されたと考えられ，彼の代表的な著書『一般言語学概論』は，現代言語学でも参考にすべき頗る重要な著書とみなされている。この点に関しては，特に異論はないが，上掲書は，あくまで弟子のシャルル・バイイ（1865-1947）とアルベール・セシュエ（1870-1946）が中心となって編纂した講義録であり，ソシュール自らが納得して上梓したものではないことには注視しなければならない。なお，日本では，京城帝国大学にいた小林英夫が，当初は『言語學原論』という題で，翻訳をして刊行している。小林も東京帝国大学文科大学言語学科出身であり，藤岡の数多いる直弟子の一人であったことも付記しておきたい。

　本書では，藤岡勝二の『國語研究法』における言説を丹念に辿りながら，そこに，既に後の社会言語学の曙光が存在していたことを明らかにしたいと考えている。社会言語学の黎明期は，むしろ，この頃の日本の「国語学」にあったのではないか，この点についても，深く検討し考察したい。

3.2　近代言語思想に対する藤岡勝二の認識

　藤岡勝二の研究テーマや業績については，拙著（2013）において詳らかに述べておいたので，内容については，上掲書を参考にして頂きたい。第1章でも

既述したように，当時，東京帝国大学文科大学言語学科主任であった藤岡の研究テーマは実に多彩であった。日本語系統論，アルタイ諸語の文献学的研究，一般言語学，サンスクリット学，国語国字問題の研究（ローマ字化運動），いずれの研究も各分野の泰斗と比肩できうる研究業績を残している。しかしながら，彼が没して，ほぼ80年余になるが，該博な知識を有した業績を残し，数多くの後の泰斗となる研究者の育成に尽力したにもかかわらず，現代言語学界における藤岡勝二の評価はきわめて低いと言わざるを得ない。

その一例として，2014（平成26）年に刊行された，石川遼子（1945-）の『金沢庄三郎』を読んでみるとよく分かる。なお，石川（2014）の書名は『金沢庄三郎』となっているが，本書では，一般的な名称であり，旧字体を用いた「金澤庄三郎」とした。他の個所も，旧字体を用いている場合があるが，これは当時の言語状況を知るためには，できる限り，当時の字体や表現も改めなければならないという筆者自身の持論から，このような表記にしたことを付記しておきたい。

ここでは，まず，藤岡に関して記された箇所について考察してみたい。歴史的人物をシリーズ化して，刊行された著書であるが，言語学者金澤庄三郎の人物像を，同時代の研究者も掲げながら丹念に考察を試みている。一般的には，『廣辞林』の編者として知られた金澤の論文を体系的に纏め上げた労作として，十分に評価できる。しかしながら，次の箇所については，疑義を呈したい。拙著（2013）では，博言学科の学生を学年ごとに掲出したが，石川（2014）は，さらに総数32名の卒業生がいたことを指摘し，代表的人物，そして，当時の言語学徒たちの関心事が日本語の起源であったことを指摘しながら，次のようなことを述べている。[16]

学生たちは，ひとりの研究者として論文を発表し，著書も刊行していくものと期待された。「言語学科は，ラテン語，ギリシア語，梵語といった古典の語学が必修で，毎日その下調べに追われて，暇がないのです」という金田一京助は，当時の学生の関心について，「話し合ってみると，どの人もみんな日本語のための言語学だったのです。日本語の起源はどうか。

世界のどこに，日本語と同じもとから分かれた言語が話されているか。日本語がこの島へ来る前に，どっちのほうで話されたことばか。この問題をみんな共通にもっていたのです。」と語っている（金田一「私の歩いて来た道」）。十年前に入学した金沢も，まさしくそうであった。そして，上田の指導のもとに，学生たちの研究対象が決まっていく。榊は梵語，小川は台湾語，金沢はアイヌ語（のち朝鮮語），小倉は朝鮮語，藤岡・新村・橋本は国語，八杉はロシア語，伊波は琉球語，後藤は漢語，金田一はアイヌ語というように，日本の言語学研究が分担された。

　石川（2014）は，言語学の知識に長けていたと思うが，専門が歴史学であるため，この辺りの事情は少し曖昧な点がみられる。藤岡は，確かに，近代「国語」の成立において，保科孝一，岡田正美とともに重要な役割を果したが，その後は，上田萬年の言語学講座を継承し，東京帝国大学文科大学言語学科の教授として，当時の言語学界を牽引することになる。既述したように，上田は，この頃，日本語系統論の解明のために，自らの弟子に，類縁性のある言語を学ばせようとした。日本語の起源を知るために，当時の若き言語学徒たちに，未だ系統関係が判然としない言語を学ばせようとした意図があったことは間違いないであろう。しかしながら，不思議なことに，上田自身は，日本語系統論に関わる論文を一編も残してはいない。こうした状況に鑑みた場合，この時点における藤岡の研究対象は，国語ではなく，モンゴル語，満州語とすべきである。藤岡は，確かに，近代の「国語」の成立に関わってはいるが，この後に，新村出，八杉貞利とともに，言語学会の設立に専念しているのである。一方，橋本進吉は，言語学科出身ではあるが，主な研究対象は上代日本語であり，通時的観点からみれば，藤岡・新村・橋本の三名を同列に扱うべきではない。石川（2014）の業績を評価するとすれば，「金沢庄三郎」という一言語学者を，著名な歴史上の人物と同列に取り上げた点にあるといえよう。金澤庄三郎は，『辭林』，『廣辭林』といった辞書の編纂を行い，『広辞苑』が普及する以前に，最もスタンダードな辞書を編纂した人物として知られているが，一言語学者がこのシリーズに掲載されるのは異例といえよう。

　次に，近代「国語」の樹立に貢献した藤岡ではなく，近代「言語学」の創設
に尽力した藤岡の業績を考察していきたい。

　なお，ここで，特筆すべき事項として，藤岡（1907）が，この頃すでに，近
代言語学の祖ソシュールの理論に酷似した思想を有していたことを挙げておき
たい。藤岡（1907）は，語と事物の観念について，次のようなことを述べてい
る。ソシュールの『一般言語学講義』が，1916（大正 5 ）年に刊行されたこ
とを想起すると，「意味するもの」，「意味されるもの」，「能記（signifiant）」
と「所記（signifié）」という恣意性が，すでにこの頃，理解されていたことに
は驚かざるをえない。

　藤岡（1907）には，すでに，次のような言説がみられる。[17]

　音の符牒と其に對する觀念との配合のし方がちがって變遷する所以はもと
〳〵言語が符牒であって其に依て示されるべき觀念と必然的關係がないからで
ある。

　また，これに関わる文章は，後に「意味の変遷」という題で分かりやすい文
体で執筆され，当時の文部省の認定をうけた『中等國語　二』の教科書にも採
用されている。

　一語としての語は常に必しも齟齬するところなく聽者に或觀念を思ひ浮
べしめるものでなくて，相さからった觀念さへも起こさしめることがある
ものである。即ちわかると云ふ事も上に云った様な簡単な順序丈で必ず終
わるものではないことを知らねばならぬ。
　故にわかったとは語と事物の觀念とを結び付けたことである。之を通常
其語の意味が知れたとも云ふ。意味は其語が有してゐるもの、如くである
から，語に意味が有ると通常云ふもの、實は語の現象としては音聲にあ
らわれた丈のことであって，其音聲自身に意義が必然的にくっついてゐる

・・・・・
のでない。

　また，本節では，藤岡の近代言語学の思想と深く関わるサンスクリット学について述べておきたい。ドイツ留学を経て，比較言語学は勿論のこと，青年文法学派の最新の言語理論を学んだ藤岡であったが，最も影響をうけた言語思想に関わる学者は，ウィリアム・ドワイト・ホイットニーであったと考えられる。ホイットニーは，初代文部大臣森有礼（1847-1889）が日本語を廃止して，簡略英語を採用しようとした際に，敢然と異議を唱えた人物として知られている。藤岡の畏友であり，著名なサンスクリット学者高楠順次郎は，ホイットニーではなく，全く異なる言語観を有するフリードリッヒ・マックス・ミュラー（1823-1900）に魅了されたが，「ことば」という存在の重要性に関しては，二人の考えは一致していた。

　以下に掲げるように，デンマークの言語学者オットー・イエスペルセン（1860-1943）は，上述したホイットニーとマックス・ミュラーの思想上の違いを，『言語―その本質・発達・起源―』（*Language: Its Nature, Development and Origin*）において，分かりやすく説明している。[18]

　　　シュライヒャーの死後，一般言語学の解説者の筆頭は，米人ウィリアム・ドワイト・ホイットニーであり，かれの二著，『言語と言語研究』（*Language and the Study of Language*）（初版一八六七年）と，その縮約版『言語の生命と生長』（*The Life and Growth of Language*）（一八七五年）は数カ国語に訳され，ホイットニーの好敵手マックス・ミュラーの本と比べて人気の点でほとんど見劣りしない。ホイットニーの文体はマックス・ミュラーの文体ほどはきらめきがなく，ホイットニーはマックス・ミュラーが面白い例をたくさん掲げて安直に人気をかっさらうのを軽蔑している。かれはミュラーの矛盾や前後不一致をこきおろして倦むところがない。ホイットニー自身は一般的により堅実で，思想がより醒めているために矛盾を免れている。ふたりの間の主な相違点は，すでに示したように，ホイットニー

が言語を人間の制度と見，人間相互の理解の必要性から徐々に生まれたと
する点にある。

　　上記の文で，注目すべき点は，ホイットニーが言語を人間の制度，厳密には
社会制度とみなしていたことである。この思想は，後に近代言語学の祖フェル
ディナン・ド・ソシュールに継承されることになる。

　　なお，藤岡（1901）では，田口卯吉の学説に反駁する論を展開する言説の中
に，ミュラーよりホイットニーの言語思想に強く影響をうけていることを窺わ
せる箇所がみられる。[19]

　　　田口博士はこの語を大に信仰して居られる様でありますが，それは妄信
　　でなければ買ひかぶりであらうかと思ひます。そも〳〵マクス，ミュルラー
　　先生は思想と言語と全く同一躰のものだ，と考へた人の一人でありまして，
　　この書の中にも言語と思想とは一つのもの、両面に過ぎないと云つて居ら
　　れます。ですから，上の語を云ひ換へると「言語は血より重し」といふこ
　　とになります。然し言語と思想とを一つにすることの不都合であることは
　　ホイトニー先生も大に咎められまして，甚しく攻撃を加へられました程で
　　ありまして，今では何人も承知はしないのであります。

　　なお，藤岡がドイツ留学をしている間，言語学講座を代講したのが，高楠で
あり，高楠の後任となったのが，サンスクリット学の泰斗辻（旧姓福島）直四
郎（1899-1979）であった。辻は，元々は藤岡の直弟子であり，言語学科出身
であった。彼のサンスクリット学に対する類まれなる才を見抜いたのが，藤岡
と高楠の両名であった。藤岡がサンスクリット学に多大なる関心を抱いたのは，
サンスクリット語がインド・ヨーロッパ語族に属するという比較言語学的観点
からみた学問上の理由だけではない。実は，藤岡は，元々は，浄土真宗教西寺
の生まれであり，祖父が著名な仏教家武田法雲であり，このあたりに，藤岡の

サンスクリット学の知識の淵源があるのではないかと考えられる。1894（明治27）年に，「大日本仏教青年会」が結成された折，藤岡は，上述した高楠順次郎，仏教学の近角常観（1870-1941），そして，終生畏敬の念を抱いた教育学者澤柳政太郎（1865-1927）等とともに，会の設立と運営に参加していたのである。また，上述した学者たちを互いに結び付けた重要な人物として，清澤満之（1863-1903）の存在があり，この「大日本仏教青年会」は，後に宗教学の泰斗とよばれる数多の宗教学者たちを輩出している。

　さらに，本節では，黎明期の「社会言語学」を確立した人物と藤岡勝二の言語理論を比較しておきたい。現代の社会言語学の礎を築いたのは，上掲の鈴木孝夫，田中克彦という二人の言語学者であることは間違いないであろう。モンゴル研究者としても知られている田中（1981）は，岩波新書のロングセラーとなっている社会言語学の名著『ことばと国家』の中で次のようなことを述べている。[20]

　この中で，田中は，アウグスト・シュライヒャーの言辞を引用しながら，ことばの本質を以下のように指摘している。当時は，シュライヒャーも唱えたように，鉱物，植物，動物というふうに，人間の力とは関係なく，言語は，進化論的に発展していくと考えられていたのである。

　　　生物学の時代ともいわれるこの十九世紀において，動植物の進化史を構築するための理論にすっかり魅了されてしまったシュライヒャーは，言語研究のモデルになり得るのは，この生物学において他にないと考えたのであった（「ダーウィン理論と言語学」）。

　　　ことばには生物と同様に祖親があり，それは繁殖によって子や孫を産み，その過程で進化するのだという図式がとりこまれる。この祖語はときに「母語」（langue mère）とも称される。

　当時，言語学の研究分野といえば，比較言語学，構造言語学，生成文法しか知らなかった筆者にとって，上述した文章は，大変印象的であり，これまでの

「言語学概論」でうけた内容とは全く違ったものであった。とりわけ，「人間の
力とは関係なく，進化論的に発展していく」という箇所に疑問を抱き，当時の
社会を席巻したダーウィン理論と対極にあった「社会言語学」という学問に魅
了されたことを今でも鮮明に覚えている。なお，「社会言語学」と「言語社会学」
という名称は，用語の違いだけではなく，実体の相違点も説明する必要がある
が，この点に関しては，拙稿（1999）に譲ることにしたい。ここでは，まず，
社会学者田辺寿利（1894-1962）が，1936（昭和11）年に，『言語社会学』と
いう著書を時潮社から出版しており，これが「言語社会学」という専門用語の
嚆矢とみなされていることを付記しておきたい。しかしながら，特筆すべき事
項として，これより30年ほど前の明治40（1907）年に，すでに，藤岡が，以
下のようなことを述べているのである。[21]

　　さて之を標準とし，代表者として見た，かの言語の三分類法なるものは
　こゝに於て怪しくなって來る。何となれば此分類法即ちシライヘル氏の意
　見では此の如きものが初等で，次に添着語に發達し，而して後に曲尾の語
　に進むものとするので，曲尾語を以て最も進歩したものと見る，即ち歴史
　的發達の經路は恰も此三類を相並べた順序にあるといふのであるから，
　……

　……，もはや今日では言語を自然物と見るものも，言語學を自然科學と考
　へるものもなくなったのである。即ち言語の材料たる音聲は自然のものに
　もせよ，之を用ゐて言語を形造るのは人の力であるといふことになったの
　である。

　藤岡（1907）には，次のような言説もみられる。この上段には，「人が言語
を變化させる」と記されている。[22]

　　言語發達がかゝる人力によるが，故に，一たび行はれ定まるときは其社
會の上に其強いよりどころを有することになって，甚簡短には取捨する
ことがむづかしくなる。然しながら，其取捨は言語上に事實たえず行はれて
ゐる。言語が一定不動の如くである，親の言語と其子の言語とが全く同じ
である如く見えてはゐるけれども，常に變遷の路上にあるのである。其變
遷が亦常に上に云った様な協同人力によって行はれていく。無意識の間に
も人は或共同を言語上になしてゐるから，人社會の言語としてのこの變遷
が不斷行はれてゐるのである。故に一方から言へば協同人力を用ゐれば言
語に或變化を與へることが出來るといふことになる。

　　上述してきたように，ここで特筆すべきことは，藤岡勝二が，言語変化の原
因が，自然有機的なものではなく，人間の意志に委ねられていることを強調し
ていることである。そして，「協同人力」という独自の用語を使って，言語変
化を与えることができることを論じているのである。ホイットニーの「社会制
度」等の思想の援用がみうけられるが，現代の社会言語学の重要なトピックで
ある「言語変化」の原因に，「人間」の意思を介入させている点は，大いに注
視すべきであろう。
　　また，田中（1981）は，『ことばと国家』の中で，現代の一般言語学で用いる，
孤立，膠着，屈折という用語を使っているが，後述するように，藤岡（1907）は，
シュライヒャーの分類法を説明しながら，膠着語に対して添着語，屈折語に対
して曲尾語という現代言語学の用語とは異なる語を使用している。このような
状況から判断して，この時点では，まだ確固とした言語学の専門用語が定着し
ていなかったことが容易に窺える。そして，藤岡自身は，「社会言語学」とい
う用語こそ使用しなかったが，「音声を用いて，言語を形造るのは，人の力で
ある」という言説を残していることから，比較言語学による自然盲目的法則か
ら脱して，「ことば」と「社会」との重要性に気づいていたとみなすことがで
きるのである。この藤岡の言説こそが，筆者は「社会言語学」の真の黎明期と
いうことができると考えている。

4章　藤岡勝二著『國語研究法』にみられる言語学の専門用語について

　上述した藤岡勝二の国語観が凝縮された著書『國語研究法』をみる限りでは，藤岡が，「国語学」に「言語学」の理論を導入すべきなのか，「国語学」と「言語学」とを画然と分離すべきなのか，この頃，大いに迷っていたことは，充分に窺知できる。しかしながら，彼は，その後ほどなくして，当時の文部省が認定した『國語法敎科書』というテキストを作成している。『國語研究法』の専門的な内容とは対照的に，現代の国文法の観点からみても，当時の学校文法に準拠した実に平々凡々たるテキストを上梓しているのである。このような事実に鑑みて，おそらくこの頃，藤岡は，国語学に言語学の理論を導入することを諦観していた可能性が十分に考えられる。

　本章では，1907（明治40）年に上梓した『國語研究法』の中の言語学者と言語学用語について論じながら，同時に，文部省が認定した『國語法敎科書』の違いについて検証していきたい。そして，この両者を比較しながら，藤岡の思想の変遷を辿っていくことにしたい。本著の研究対象は，藤岡が「日本語の位置」を発表する1908（明治41）年に焦点を定めたが，ここでは，比較対照をするために，1915（大正4）年に刊行された『國語法教科書』も用いることにしたい。

4.1　『國語研究法』の中の言語学者の表記について

　本節では，藤岡（1907）が，『國語研究法』の中で，重要な学者として取り上げた人物について検討していきたい。勿論，人名に関する表記は，現代言語学とは異なっている場合が多くみられる。例えば，現代言語学では，シュライ

ヒャーという人名表記が一般的であるが，当時，藤岡は，シライヘルと表記していた。未だ，言語学用語が定着していない証左であり，「博言学」から「言語学」へと新しき言語分野に移行するためにも，定着した学術用語が必要であったと考えられるが，この頃には，まだ，言語学という学問分野が萌芽期から確立期へと移りゆく過渡期であったのかもしれない。

では，以下に，藤岡（1907）が掲出した言語学者を挙げることにする。単に人名だけではなく，本文中にどのように掲出されているのかという点にも留意しながら，記すことにした。[23)]

　　かくパウルがいってゐる如く，品詞の分別の様な，見易いものに於て已にさうであるのみならず，其他の點に於ても，言語上の事と論理とは合はないものがある。

　　シライヘルの分離法中第二の添着語の下には，實に種々雑多の言語がはいってゐる。

この典型的な例が，次のエドキンスのことばから窺える。藤岡（1907）は，エトギンスという人名表記を用い，基本的には，人名表記の場合でも，音声を重視していたと考えられる。

次に掲げるエトギンスは，一般的にはほとんど知られていないが，シュライヒャーの流れを組む言語学者であり，上田萬年が創始した言語学会の機関誌『言語學雑誌』にも，取り上げられている。

　　エトギンス（Edkins）といふ人も千八百八十年に出した支那語の進化（The Evolution of the Chinese language）と題する書の文中に「支那語は語のならべ方が全く古代のまゝであって，其語の成立が單意節である。

これから見ると支那語は人類言語の初期の有様のもので，世界開闢の時の言語の状は支那語をおいて他に覘ふべきものがない。

この考えに対して，藤岡が疑義を呈しており，その思想をヴィルヘルム・フォン・フンボルト（1767–1835）の考えを援用しながら次のように述べている。以下も『國語研究法』から引用した文であるが，ここでは，他の言語学者の表記の箇所も掲げることにしたい。

なお，傍点を施した個所は原文のままで記した。

そこで，この点から解釋を試みたのが，ウィルヘルム，フォン，フムボルト（Willhelm von Humboldt）及び其一派の學者である。

ついで丁抹の言語學者エスペルゼン（Jespersen）といふ人は千八百六十四年に言語發達は如何なる順序でいくものかと云ふことを論じた書を著はして，其中に「支那語が語詞の位置を重んじて，それに依て語詞間の關係を表わし，欧州語の如く曲尾を用ゐないのは，これは言語の發達上歴史を經た結果なのである。

しかしその前に一語とは如何なるものかと云ふことをきめねばならぬ。ブルグマンは，「通常語詞と稱するものも，其意義不完全であって，語結合に依て成る文といふことゝ，語の成立といふことゝは立派な區別の立ちがたいものがある。印度日耳曼語で云へば語の形が出來るのに，主として複合と重複の二つの方法を用ゐるのであるから，此の如き方法に依て出來たものとして分解の出來ないものが一語即單語であるといふより外はない」と云ってゐる。

　……あるので，言語學の開祖フランツボップ（Franz Bopp）は十九世紀の始めに於て已に之を喝破した。これを添着説といふ。

　ことに現時尚生存せるデルブリュツク（Delbrueck）の論によってボップの説の方がたしかであるといふことになった。

　さてデルブリュツクがボップの説を賛成してゐるところに，ボェートリンク（Böhtlingk）といふ人が，東洋語研究の結果から得た説を擧げて，これを其証とすることが出來るといってゐる。

　上述したベートリンクは，チュルク語に属するヤクート語に関する大著を残した言語学者として知られている。ここで，藤岡は「国語」における膠着語—藤岡自身は，この用語を一度も用いず，添着語と記している—的特徴について述べると同時に，中国語が最も初等段階の言語であるという学説があることを指摘している。この観点から判断すると，インド・ヨーロッパ語族に属する英語が，名詞に性（gender）の区別も存在しない最も初等段階の言語に相当するという誤謬に陥る可能性があることにも言及している。この時代に，このような英語に対する見方をした英語学者は誰もいなかったことであろう。藤岡（1907）が，アウグスト・シュライヒャーとオットー・イエスペルセンとの言語発達の見方の違いを比較した箇所を記すと，以下のようになる。[24]

　シライヘルは英語の如き，曲尾語とは云ひながら，大に形式を失ったものは其進歩の極度を通り越して，また堕落したものと見るのであるから，今もしシライヘルが生きてゐてエスペルゼンの説に服するなら，支那語と英語とを同位置におくかもしれない。

以下の文も，藤岡（1907）から抜粋した。

　この事はパウル（Paul）の言語史原理といふ書の第三版の第二十章に論
じてある。

　ここで，藤岡（1907）が掲げた言語学者の名を挙げ，現代言語学の一般的な
人名表記と比較してみたい。

『國語研究法』の人名表記	現代言語学の人名表記
ウィルヘルム，フォン，フムボルト （Willhelm von Humboldt）	ヴィルヘルム・フォン・フンボルト （1767 – 1835）
フランッボップ（Franz Bopp）	フランツ・ボップ （1791 – 1867）
<u>ガベレンツ</u>（Gabelentz）	ゲオルク・フォン・デア・ガーベレンツ （1807 – 1874）
ボェートリンク（Böhtlingk）	オットー・フォン・ベートリンク （1815 – 1904）
シライヘル（Schleicher）	アウグスト・シュライヒャー （1821 – 1868）
デルブリュツク（Delbrueck）	ベルトルト・デルブリュック （1842 – 1922）
パウル（Paul）	ヘルマン・パウル （1846 – 1921）
ブルグマン（Brugmann）	カール・ブルークマン （1849 – 1919）
エスペルゼン（Jespersen）	オットー・イエスペルセン （1860 – 1943）

　一般言語学の専門用語辞典では，人名表記はほぼ確立しているが，上述した
例をみれば分かるように，まだこの時代においては，人名表記は定着していな

い段階であり，言語学という学問分野自体が，黎明期，否，萌芽期であったと
いってよいであろう。規範となるような表記の統一が進むまでの経緯は未だ詳
らかになってはいない。当時は，各言語学者の人名表記に委ねられ，それがあ
る程度の統一をするまでの経緯については，今後の研究成果をまたなければな
らないであろう。

4.2　『國語研究法』の中の言語学用語（孤立語・膠着語・屈折語）

　前節では，『國語研究法』にみられる言語学者の人名表記について考察したが，
本節では，藤岡（1907）にみられるシュライヒャーの分類法を掲出した箇所を
掲げてみたい。なお，本文の一部は，当時の言語学用語と現代の言語学用語を
比較するために，拙著（2013）においても取り上げたことがある。本節でも，
当時の言語学の状況を知るためには，頗る重要な箇所となるため，1章と同様
に掲出することにした。また，下記の下線部は，原文のままに記した。

　　　此三つは丁度今より三十年前に獨逸の言語學者シライヘル（Schleicher）
　が凡ての言語の分類を三つにした。その一つ〳〵に配當することが出来る。

　　（一）單意語（又孤立語，孤獨語。　isolating language）
　　（二）添着語（又粘着語，添着語とも人は云ふ。agglutinating language）
　　（三）曲尾語（又屈折語，屈曲語。　inflectional language）

　現代言語学では，孤立語，膠着語，屈折語という名称は，すでに定着してい
るが，上述した文から分かるように，1907（明治40）年の段階では，この用
語は定着していなかったことが窺える。ここでは，藤岡が，單意語，添着語，
曲尾語という用語を第一に記していることに注目したい。この統一表記につい
ては，文部科学省が，日本言語学会，日本英語学会の協力を得て，1997（平

成 9 ）年に編纂した『学術用語集　言語学編』が，日本学術振興会から刊行されることによって，一定の用語の統一がなされたと考えてよいであろう。上記に掲げた三つの分類方法は，上掲した書では次のようになっている。

isolating language	孤立語[25]
agglutinating language	膠着語[26]
inflecting language	屈折語[27]

　また，藤岡（1907）では，確かに，單意語，添着語，曲尾語という現代の言語学用語とは異なる用語を使用しているが，同時に，別の読み方も記している。すなわち，孤立語，屈折語については，この頃，すでに，現在，定着している用語を使っているが，膠着語だけは使っていない。粘着語という例があるが，この用語は，後の言語学者も用いている。つまり，膠（にかわ）という糊に形容されるほどの語と語との強い連結が，日本語の場合はみられないと藤岡が考えたことが想起できるのである。

　先述したように，筆者は，膠「にかわ」のように強い糊を連想させるような専門用語は，日本語の語順を考えると適切な言語学用語とはいえないと考えている。

　では，参考のために，ここで，言語の語順に関する分類を掲げておきたい。ヨーゼフ・ハロルド・グリーンバーグ（1978）の言語類型論の分類に従うと，概ね，言語の語順は，次のように大別できる。

言語の類型論的分類

SOV（日本語，モンゴル語，トルコ語等）

SVO（英語，ドイツ語，フランス語等）

VSO（ケルト語，アラビア語等）

VOS

OVS

OSV

　日本語は，この中の概ね5割を占めるといわれるSOV型言語に属しているが，当然，それぞれの言語の特徴も異なり，小池（1994）の言を借りると，日本語は「柔らかい規則」に属し，比較的語順に融通性が利く言語といえる。

　では，さらに「膠着語」について，ここで，さらに詳細に考察してみたい。この点について，竹内（2011）が，次のようなことを述べている。[28]

　　ニホン語は孤立性，分析性のたかい言語だが膠着性はそれほどではない。膠着性のたかい言語を膠着語とよぶならば，ほとんどの辞典類がニホン語を膠着語だとしているのは，ふしぎである。明治以来の文化をひきずっている。なかには，膠着の解説はまともなのに，むごい用例をあげているものもある。たとえば『日本語百科大事典』（大修館）は，「ゴビの砂漠に陽が落ちる」を文例とする。このどこが膠着か。

　　なお，膠着語の膠はニカワ（ラテン語glūten）を語源として，金田一京助Henry Sweet『新言語学』（明四十五）にはじめて登場する。付着語，加添語，添着語などいくつかあった訳語のなかから「膠着」がつたわってきたわけだが，木工の接着剤ニカワでつくられたものは，かたくくっついて容易にはがすことができないから，言語構造にたとえるには，ふさわしくないけれど。

　また，竹内（2011）だけではなく，すでに田中（2007）が，この「膠」を使った膠着語について次のようなことを述べている。ここでは，エスペラントの代名詞の説明をしながら，日本語の「膠着語」という用語の盲点を鋭く指摘している。[29]

　代名詞についてもすでに見たようにI-my-meをひとまとめにして，miとし，それに-a，-nをくっつけるだけでよい。このような「くっつけ」型の文法を持つ言語を，ヨーロッパの文法家はagglutination（エスペラントではaglutio）のタイプの言語と呼んだ。glutenは「にかわ（膠）」という，動物の骨を煮て，それから取り出した粘着成分のことを言う。煮て，その煮汁の表面に皮のようにできる膜だから日本語で「煮皮」と呼んだのだが，学問のことばは何でもむつかしい漢字を使った方が気持ちがいいと感じる人たちが「膠着」と訳したのである。これを漢字で理解すると，たとえば「膠着状態」というふうに「ニッチもサッチも行かない」という，はなはだくらい，がっかりするようなイメージを与えることになる。そこから，「膠着語」を使っている日本人は頭がこちこちに固まっているのだという偏見をヨーロッパ語人に与えることになるのである。

　藤岡自身は，膠着語という用語を一切使わず，「添着語」という語を多用している。藤岡（1907）の中には，日本語と「膠」とは決して結びつくことはなかったのであろう。添着語について，藤岡（1907）は，次のようなことを述べている[30]。

　　　次に我日本語はシライヘル流の分類法でいけば，常に第二即ち添着語といふもの、中に入れられる。添着語は已に説明した如き言語構造のものであるとすれば，我日本語は之に當るかどうか，先づ定めねばならぬ。今のわかり易い爲に今日の話し言葉をとって之を説かう。

　現代の言語学の専門用語である「孤立語」，「膠着語」，「屈折語」，ときに，「抱合語」も挙げられることもあるが，基本的には，上記の三分類法は，現代言語学のどのテキストにも，何ら疑問も抱かれないままに，掲げられている。いつ，このような用語が定着したのか，そして，現代の言語学用語が定着した経緯に関する研究も，今後の近代言語学史にとって重要な課題となるであろう。

　ちなみに，藤岡（1907）の後に刊行された，言語学の一般書である言語学者寺川喜四男（1910-1987）が上梓した『新訂　言語学入門』（新井東雲堂，1951）の言説を，下記に掲げてみることにしたい。[31]

　　　「附着語」Agglutinative language.これは，「接着語」「膠着語」とも或いは「漆着語」ともいう。日本語や朝鮮語のように，語尾變化がなく，語法上の關係は，次々に後へ附着してくる要素によつて定められてゆく。

　　　以上の「孤立語」・「附着語」・「屈折語」という三つの分類は，世間にあまりにも有名な分類である。

　上記の文から分かるように，「膠着語」という用語はみられるものの，この段階では，「孤立語」，「屈折語」を除くと，未だ，「附着語」という用語が使用されており，三つの専門用語が定着していない。また，人名も，寺川（1951）は，上掲書で，現在のシュライヒャーではなく，シライヘルという語で統一している。このような言語学の専門用語，例えば，他にも「声音学」がいつ頃に「音声学」という用語に統一していくのか，このような言語学用語の定着の経緯も，今後の重要な課題となるであろう。

　では，ここで，藤岡が，「言語学」という用語を文中で用いながら，なぜ，あえて「国語」という名称を用いた『國語研究法』という題目の研究書を上梓したのか考察したい。その後，藤岡は，概ね学校文法に準拠した『國語法教科書』を刊行している。当時の国語教育者には好評であったかもしれないが，内容をみる限りでは，藤岡が，すでにこの頃には，国語学に言語学の理論を導入することを諦観したことが窺えるのである。東京帝国大学文科大学言語学科主任教授として，当初の理想として，国語研究にも言語学の理論を注入しようと試みたが，この『國語法教科書』というテキストを作成した時点で，「国語」という教科目の必要性を認め，「国語学」と「言語学」を峻別した学問分野と

して捉えたと考えられるのである。わずか 8 年の間に，藤岡の国語観は，大き
な転換をみせたといってよいであろう。『國語法教科書』は，一般的な国語教
育に準拠したテキストとしてかなり使用されており，ここには理想的な言語学
の話は微塵もみられない。

　なお，上記のシュライヒャーの三分類法では，中国語は，「単意語」に属して，
鉱物や結晶のようであり，インド・ゲルマン語─現在は，インド・ヨーロッパ
語族という名称が一般的である─は，「曲尾語」に属し，動物のように活動の
ある言語ということになる。そして，この思想の流れから判断すると，中国語
は，言語の発達段階で最も遅れたものになる。『ダーウィン理論と言語学』（Die
Darwinsche Theorie und die Sprachwissenschaft）という書物が刊行された
とおり，当時は，まさにダーウィンの進化理論自体が，正しい思想とみなされ
ていたために，言語有機体観という桎梏から脱するためには，次の時代をまた
ねばならなかったのである。

　以上みてきたように，藤岡勝二は，この頃すでに，言語から社会を捨象する
ことによって成立していた，比較言語学，構造言語学，生成文法という言語学
の潮流を待つまでもなく，すでに「言語」と「社会」との関係性に気づいてい
たのである。それは，エミール・デュルケーム（1858-1917）の「社会的事実」
やホイットニーの「社会制度」の影響であったとしても，後に「社会言語学」
という確立した言語学の研究分野になることを想定していた点において，重要
な括目すべき事項と言わざるを得ないであろう。

4.3　『國語研究法』と『國語法教科書』との比較
　　─「国語学」と「言語学」の分離

　本節では，藤岡が1907（明治40）年に刊行した『國語研究法』から 8 年後に，
文部省認定の教科書になった『國語法教科書』の内容を掲出し，前著と比較し
てみたい。上述してきたように，本著は，藤岡勝二の1908（明治41）年まで
の軌跡を辿ることを目的としているが，彼の思想の変遷を知る上で，『國語法
教科書』は頗る参考になるテキストであるため，本節では掲げることにした。

　まず，藤岡（1915）の冒頭文を掲げることにする。

　　　總説

　（一）言語は人の思ふことの音聲に表われたるものにして，その思ふことを他人に知らしむるを目的とす。

　　世界の國〻にはそれ〲の言語あり。何れも，これを，某の國語と云ふ。日本の國語を，われ等は，單に，國語ともいふ。

　（二）文字は言語を書き表すに用ふる符牒なり。かくて，これを列ねて成せるものを文章といふ。文字・文章も，また，國によりて一様にならず，それ〲その國字・國文あり。

　（三）わが國文に用ひ來れる言語と，談話に用ふる言語とは，

旗赤し。	旗ガ赤イ。
水流る。	水ガ流レル。
我は知らず。	私ハ知ラナイ。
いづくより來りしか。	ドコカラ來タカ。
問ふとも答へざるべし。	タヅネテモ答ヘマイ。

などの如く，その形を異にすることもあり。よりて，この二つを区別して，一を文語といひ，一を口語といふ。

　（四）およそ言語には一定の法則あり。この法則を語法（又は文法）といふ。而して，文語の法則を文語法といひ，口語の法則を口語法といふ。わが國語の文語法・口語法をあはせて，これを國語法と稱す。

　　上記の（二）の「文字は言語を書き表すに用ふる符牒なり。」という一文に関しては，藤岡（1907）が述べた言語の恣意性を想起させる。ただし，他の個所は，テキストという性格上，やむを得ない事情があったのかもしれないが，特に言語学に関する詳らかな理論を説明しているわけではない。

　　次に『國語法教科書』の目次を掲げることにする。

目次

　上記の『國語法教科書』から分かるように，品詞の基本的な名称は，後の橋本文法に倣った現代の学校文法と比して，そう変わりはない。現代の学校文法の品詞は，概ね名詞，代名詞，形容詞，形容動詞，動詞，副詞，連体詞，感動詞，接続詞，助動詞，助詞の11の品詞に分類されている。昭和18（1943）年に，橋本文法を根幹にして制定されたと考えられているが，実際には，著名な文法理論である橋本文法，時枝文法，山田文法，松下文法のいずれの品詞分類にも該当していない。しかしながら，この頃よりかなり以前に，藤岡（1915）が，こうした後の学校文法に酷似した文法書を著していたことも特筆すべき事項といえよう。

　以上，藤岡の言語学と国語学の思想の潮流を考察してきたが，藤岡の目指した国語学における言語学の導入，とりわけ社会言語学の受容という思想は消滅し，上田萬年の国語研究室は，全く別のベクトルを有した「国語」という理念が，進展していったことを窺うことができる。藤岡は，近代「国語」の成立において，保科孝一，岡田正美とともに重要な役割を果し，彼の才を認めた国語学の泰斗上田萬年によって，東京帝国大学文科大学言語学科を託されることになる。上田の弟子を中心に言語学会が創設され，八杉貞利，新村出とともに，藤岡は言語学の樹立に尽力して，やがて，「博言学」から脱した，新しき「言語学」を創設しようとする。最新の言語学の知識に精通した藤岡は，この言語理論を国学の潮流とは異なる「国語学」という学問分野に導入しようとしたのである。このような藤岡の方針があったことは，藤岡の数多残された論文の中に，上田，新村や八杉が残したような国学者を扱った論文が一編もないことからも窺うことができる。しかしながら，その後，藤岡は，ほぼ現代の学校文法に準拠した『國語法教科書』というテキストを刊行している。彼が想定した理想の「国語学」とは，国学に依拠しない言語学の理論と融合した学問であったはずであった。しかしながら，上田から東京帝国大学文科大学言語学科を託さ

れ，上田の理想とする「言語学」と分岐させるために，「国語学」に通じるテキストとして，現代の学校文法に準拠した『國語法教科書』というテキストを刊行するのである。藤岡勝二が理想とした言語学の理論を包摂した新しき学問分野である「国語学」は，このテキストの刊行によって終焉を迎えたといえるのである。

4.4　藤岡勝二の方言観とローマ字化運動の理論と実践

　社会言語学観点からみると，基本的に，方言といえば，地域方言（regional dialect）と社会方言（social dialect）に区別される。社会方言とは，話者の性別，年齢，職業などの属性によって異なる言葉であるが，本節では，地域による言葉のバリエーションについて考察したい。藤岡勝二の言語観からすると，国語調査委員会が目的とした「標準語の選定」と方言重視の思想とは決して相いれないものではない。京都生まれの藤岡は，方言に対して深い理解を有していた言語学者，否，方言重視の言語学者といえるかもしれない。上述してきたように，彼の生前の業績の一つに国語国字問題（ローマ字化運動の理論と実践）がある。この中にも，彼の方言重視の姿勢を読み取ることができる。諸例を掲げることは，後にして，本節では，まず藤岡のローマ字化運動の理論と実践について検討したい。藤岡勝二の理想とした文字とは，実際の音声を最も反映できる音素文字のローマ字であり，それはローマ字学習のテキストとして作成された『羅馬字手引』によっても窺うことができる。また，藤岡は，このローマ字の手引を何度も改訂しており，改訂版との違いからも，彼がローマ字の普及に大変な尽力をして，言文一致を具現化するために，ローマ字に地域方言を取り入れてきた事実も知ることができた。

　まず，本節では，藤岡の著書『羅馬字手引』（1906）の「はしがき」（第2版）の箇所をみておきたい。この改訂版では，まだ全文はローマ字化に訂正されていないが，ここでは，「ローマ字ひろめ會」の規則及び「ローマ字ひろめ會」の役員（會頭　西園寺公望　副會頭　林董）等，重要な事項が数多掲げられている。なお，結成当時の「ローマ字ひろめ會」の評議員には，ヘボン式ローマ字を支持する藤岡勝二以外にも，上田萬年，高楠順次郎が属し，一方，日本式

ローマ字派の田中舘愛橘（1856-1952）等とも大同団結をしていた。また，各分野の貴顕紳士といえる錚々たるメンバーも名を連ねていた。

　なお，原文では，強調したい語彙の字体を大きくした例がみられるが，ここでの字の大きさは統一したことを付記しておきたい。

　　「ローマ」手引ははじめて「ローマ」字を用ゐて我國語をうつすことをならはんとする人々の爲に作ったので，學者を相手にしたものでない。であるから力めて學語をさけて，出來るだけ平易にしらすことを試みた。

　　所謂文章語をうつすことには全く注意をしてゐない。專ら口語をうつす爲にしたのであるから，見る人はそのつもりになって下さい。

　　綴り方は昔の「ローマ」字會のものと大差はない。今日までにもっとも廣く行はれてゐると信ずる書き方によったのである。

　　語詞の分け方は甚だ困難なことであるから，特に字引の風にして心當りをさがすのに便にしておいた。

　　外國語外國音に亘ることは更にこゝに説き及ばさない。

　　末尾に實例を多くあげてあるから，それによって用ゐる方を心得てもらへば幸甚である。頗る忙がしい間に急に作ったものであるから，粗漏不備のとがめは無論まぬがれない。見て下さる人々の注意によって其訂正が出來ればこれ亦大によろこばしい次第である。第二版をするに當っても格別に手入をしたところはない。詞のきりつなぎについて字引の上にところどころ増加しただけが著しいものである。

　　　　　　　　　　　明治三十九年十二月九日ローマ字講習會の終わる日

　　　　　　　　　　　　　　　　　　藤　岡　勝　二

　上掲した文から，藤岡がローマ字を通して，いかに日本語を簡便に伝えようとしていたかを窺えるであろう。専門の言語学以外に，藤岡は，1905（明治38）年以降，「ローマ字ひろめ会」の理論と実践に没頭していくことになるのである。

　次は，『羅馬字手引』と後に改訂された『ROMAJI TEBIKI』を比較対照するために，大正14（1925）年7月に改訂版として刊行された『ROMAJI TEBIKI』の例をみていくことにしたい。この段階で，藤岡は，『羅馬手引』の文字の題名を『ROMAJI TEBIKI』と改め，実に13版の改訂を試みている。この頃には，本文も，上掲の「はしがき」から全てローマ字で記している。ここで，筆者が着目したのが，文例として，藤岡の故郷である関西の地域方言（regional dialect）が用いられていることである。[32]　規範的であるはずのテキストに，地域方言を導入した点は，特筆しておくべき事項といえよう。

　　—nanda（ナンダ）
　　　dare mo shira*nanda*（ダレモ　シラナンダ）

　　—nara（ナラ）
　　　son*nara* mairimashô（ソンナラ　マイリマショウ）

　次章では，近代の「言語学」において，重要な研究テーマであった日本語系統論に関わる「語源学」について詳細な考察を試みたい。

5章　近代「言語学」における「語源学」について

5.1　「語源学」とは何か―潮流と学問的意義

　2005（平成17）年頃の話であったと思うが，筆者のもとに，『日本語の語源を学ぶ人のために』の第6章第4節「近・現代における語源学と主要参考文献」（世界思想社，2006年）の執筆依頼がきた。この折に，「語源学」という学問分野が，どれほど，言語学者，国語学者，日本語学者の間で認知されているのか疑問を抱いたことがある。連綿と続く歴史的重層性によって成立し，多大なるコーパスを有する「比較言語学」に比べ，「語源」という名を冠した「語源学」は，専門の言語学者や国語学者，日本語学者にとっては，単なる好事家の学問か，民間語源に過ぎないと捉えられてきたのではないかと危惧したのである。現在でもプレステージの高い言語とみなされているギリシャ語やラテン語などの言語は，規範的な言語と認められ，このような言語の語彙を駆使し，形態素分析を行った学問分野は正当な研究領域であると認められる傾向にあるだろう。一方，このような言語を有しない日本において「語源学」という一つの学問分野が成立するのか否かという問題は，当然のことながら生じてくるであろう。実際，現代の言語学者は，「語源学」とは単なる民間語源のレベルに留まり，言語学の一部門とは到底成り得ないとみなしている。言語学の分野とは，音韻論，形態論，統語論，意味論，語用論，比較言語学等がその範疇に属し，最近では，ようやく学際的研究領域の成果を取り入れた学問分野，すなわち，社会言語学，心理言語学，認知言語学等が独自の言語分野として確立されようとしている。

このような中,「語源学（etymology）」という学問分野が, 通時的にみてどのように認識されてきたのか考察すると同時に,「語源学」という分野が一つの独立した分野として認知されるためには, 詳細な研究トピックや内容を確立しなければならないと筆者は強く感じている。

「語源学」という学問分野の体系が確立されていない状況で, どのようなトピックが「語源学」の範疇に属するのか, 現段階において判別することは難しいといわざるを得ない。しかしながら, 日本における「語源学」が成立するとすれば, 日本語の系統論と日本語の個々の語彙の遡及といえるであろう。そして, 近代「言語学」にとって, この日本語系統論の解明こそが, まさに喫緊の研究課題であったと考えられるのである。

筆者は, このような研究テーマについて, 本書において, 前項分野をマクロ「語源学」, 後項分野をミクロ「語源学」と名づけた。本書では, 詳細について述べることを控えるが, この点について, 関心のある方は, 拙稿（2007a）を参照してもらいたい。

ここで, 吉田金彦（編）『日本語の語源を学ぶ人のために』（世界思想社, 2007年）の章立てを掲げておきたい。各分野の第一線で活躍する研究者ばかりであるが, 最後の章に, 当時, 最も若手の筆者が起用された。この頃, 国語学の泰斗大野晋が日本語・タミル語説を不動の学説として論じていたため, 最終章の節で「近・現代の語源学と主要参考文献」を託された筆者としては, 否定的な見解を述べることができず, かといって, 大野説に賛同しているわけではないので, 全ての言語学者が認知しているわけではないというような曖昧な表現に終始したことを覚えている。なお, コラムに関しては, 語源に関わる重要な論考もあるが, 紙幅の都合上, 割愛したことを付記しておきたい。括弧は, 執筆者であり, 当時, 各分野の第一線の研究者が寄稿している。

第一章　語源とは何か
　第一節　学問としての意義・特質と使命（吉田金彦）
　第二節　語源研究の応用と効果（吉田金彦）

　なお，日本語系統論という用語であるが，祖語を再構することを目的にしない場合には，日本語成立論，日本語形成論，日本語流入論のような用語に言い換えられてきたことにも留意したい。[33]ピジン（pidgin），クレオール（creole），または，日本語混交説という学説が次々と紹介されるにつれて，現代言語学における，日本語系統論に関する研究は，様々な方法論を用いて行われてきた。ただし，ここでは，従来の呼称である，日本語の祖語を再構することを目的にした「日本語系統論」という用語を使うことにしたい。まず，マクロ「語源学」に該当する日本語系統論について概観することにするが，この「語源学」こそが，比較言語学を用いた科学的な言語学，すなわち，日本語の起源を解明するという近代「言語学」の重要な研究分野とみなすことができるのである。

5.2　比較言語学からの脱却─類型学的方法論への理論的展開

5.2.1　近代「言語学」における比較言語学の存在意義

　明治以降の語源学（etymology）といえば，日本語の起源，とりわけ，日本語系統論の研究に終始してきた観がある。日本語系統論を解明するためには，比較言語学的手法を用い，日本語と同系統と推定できうる諸言語を徹底的に検証しなければならない。そして，音韻対応の一致（sound correspondence）等の方法論を用いながら，内的再構（reconstruction）を試みて，同一の祖語を遡及できることを論証しなければならない。これまで，数多の碩学たちが，日本語と琉球語，朝鮮語，モンゴル語，アイヌ語等の言語との親縁関係（affinity）を検証してきた。しかしながら，日本語の系統が論証された言語は琉球語以外には存在していないのが現状である。琉球語は，博言学の創始者，バジル・ホー

ル・チェンバレンをはじめとする様々な研究者たちが綿密な研究を行い，つい
に日本語との親縁関係を証明した唯一つの言語なのである。

　一方，方法論については，この時代には，主に，比較言語学的手法が用いら
れたが，後に，類型学的アプローチ，言語年代学等の手法も導入されるように
なっている。いずれにせよ，明治以降の国語学，日本語学の研究者たちの関心
は，日本語と同系統にある言語の発見であり，欧米の青年文法学派たちの影響
によって，懸命に日本語の系統を解明しようとしていたことだけは間違いない
だろう。この頃の言語学の主たる研究テーマは常に日本語の起源，日本語の系
統であったといっても過言ではない。筆者は，先述した拙論「近・現代におけ
る語源学と主要参考文献」を執筆するにあたり，数多の文献を調べつくしてみ
たが，個々の語彙の語源を詳らかに研究した論文はほとんどみられなかった。
勿論，研究会の会誌や語源に関する一般向けの概論書は数多く刊行されている
が，専門雑誌，例えば，国語学会（現日本語学会）の機関誌『國語學』（現『日
本語の研究』）では，「語源」という名称を題目に用いた論文は，築島裕（1963）
の「ツンザクとヒツザクとの語源」（『国語学』第54集）しかみられなかった。
いかに，国語学，日本語学の研究者が，科学的な方法論によって検証すること
を，学問の主眼に置き，日本語の語彙の源流を調べる研究を瑣末的な学問領域
とみなしてきたか，このような研究状況からも窺うことができる。現段階では，
「語源学」の詳細な研究トピックまでは確立されていないが，筆者自身は，詳
述した社会言語学と同様に，この学問分野を，ミクロとマクロに峻別し，さら
に詳らかな研究を進めていけば，学問体系として専門の研究者からも認められ
るのではないかと考えている。

　明治以降の「語源学」の主眼は，まさにマクロ「語源学」が主要な研究テー
マであり，それは，ひとえにドイツ留学を果し，最新の比較言語学を学んだ若
き言語学徒上田萬年，その弟子藤岡勝二の尽力によるものとみなすことができ
るであろう。

　上田自身には，日本語と他の諸言語を比較した論考はみられないが，彼の弟
子たちは，日本語と他の諸言語を比較し，様々な諸言語との系譜関係の研究を
進め，次々と論文を発表していった。しかし，このような各分野の碩学たちの
精緻な研究にもかかわらず，全ての言語学者を納得させるような日本語系統論

説は，未だ提示されてはいない。

　上述してきたように，近代「言語学」が成立する上で，「言語学」という学問が，科学的な研究分野として認知されるためには，上田萬年がドイツ，フランス留学から持ち帰った「比較言語学」という研究分野が必要であった。勿論，当時の上田の「比較言語学」の理解と弟子たちの日本語系統論の研究は，現代言語学からみると稚拙とみなされるかもしれない。さらに，上田（1895）は，『國語のために』において，「國語は帝室の藩屏なり。國語は國民の慈母なり」といった些かイデオロギー性を含んだ思想を唱えており，依然として，国学の流れを組む国語，国文学に関わる研究にも理解を示していた。こうした事情に鑑みても，近代「言語学」が成立する上で，上田萬年が紹介した「比較言語学」の存在は，科学的な学問体系が誕生するためには，欠くべからざる頗る重要な学問領域であったと考えられるのである。

5.2.2　比較言語学から類型学的アプローチへの展開

　比較言語学一辺倒の時代において，東京帝国大学文科大学言語学科主任教授藤岡勝二は，1908（明治41）年に「日本語の位置」において，日本語とウラル・アルタイ語族の間で，偶然の一致としては看過できない共通項があることを指摘した[34]。なお，（註）でも指摘したが，現代言語学では，ウラル語族とアルタイ諸語が一般的な名称であるが，説明の都合上，必要な場合は，ウラル・アルタイ語族という名称も用いたことも断っておきたい。日本語とウラル・アルタイ語族の共通項は，すでに外国人研究者も気づいていたが，藤岡は，類型学的アプローチの観点から，14箇条の項目を設けて，実に精緻な研究を行っている。この点でも，藤岡の比較研究は，日本語系統論史上，特筆すべき論文といえよう。当初は，講演形式で行われたウラル・アルタイ語族説であるが，この論文の評価すべき点は，比較言語学的手法とは別の観点からのアプローチ，ここでは類型学的手法をとった点で注目すべきであろう。方法論の新しき展開を提示した点において，藤岡の論文は高く評価できると考えられるのである。

　この藤岡の論文に関しては，様々な研究者が評価しているが，最も早い段階で，この論文の重要性を指摘した国語学者佐佐木隆（1978）は，日本語系統論史を概観した論文の中で，次のようなことを述べている。佐佐木隆は，古代文

献学研究を専門としながら，これまでも数多の論考を上梓している。

　　さて，1908（明治41）年には，日本語系統論史上注目すべき「日本語の位置」という講演が，藤岡勝二によっておこなわれた。これは，"ウラル・アルタイ説"に通有の類型学的特徴を14箇条にわたって列挙し，それらを逐一日本語にてらしたうえで，そのうちの一項（第三条の母音調和の現象）だけは日本語に欠如していることを指摘し，最後に「どうも日本語は直接インドゲルマンとの関係を立論するよりは，どうしてもウラルアルタイ語族へ付けなければならぬかと思います」と結論したものであった。

　ここで，佐佐木（1978）は，藤岡が日本語とウラル・アルタイ語族を，類型学的アプローチから論証しようとした点について，日本語系統論史上注目すべき講演であると指摘して，彼の論を高く評価している。この点に関しては，何ら異論はなく的確な判断だと考えられるが，実は，藤岡自身は，この学説に対して，未だ研究の余地が残されているとも言及しているのである。日本語系統論史の論文において，藤岡勝二を取り上げる研究者がしばしば陥る誤謬といえよう。上記の文では，最後に述べている箇所を挙げたと記述しているが，実際に，藤岡の原文を丹念に読んでいくと，彼は，日本語とウラル・アルタイ語族の14箇条の共通項を掲げた後に，最後に次のような重要な事項を述べているのである。[35)]

　　日本語が「ウラルアルタイ」に属しないと云ふことも考へねばなりませぬ。日本語が「ウラルアルタイ」に属しないと云ふ理屈を立てる側に立って見ると，それも又少しは出て来るかもしれませぬから，それをも考へる必要があります。が先入主になつて反対説をみだりに頭からこなすことは出来ませぬ。至極公平な学術的研究態度で考察せねばなりませぬ。故に以上の仮定を設けて「ウラルアルタイ」に属する説を言ひますものの，まだ

　まだ研究が終了したとは決して思はぬのです。幾多の有力な積極的な証明
が出来るまではどしどし，尚進行したいと思つて居ります。それには，諸
君方の御調べる亦大いに承らねばなりませぬから，此処に一提案出しまし
て，御参考に供します。

　この論文は，当初，経済学者田口卯吉（1855-1905）や宗教学者としても知
られていた英文学者平井金三（1859-1916）の「アーリア語起源説」に対する
反駁のために，藤岡が國学院大学で行った講演を，そのまま『國学院雑誌』に
掲載したものである。上述したように，藤岡のことを，日本語系統論の嚆矢と
呼ぶ研究者もいるが，藤岡自身は，自らの研究に対して，終生慎重な態度を貫
いた学者であった。上記の文中からも分かるように，日本語とウラル・アルタ
イ語族には，14箇条の共通項—ただし，母音調和の共通項目は除かれている
—がみられることを唱えただけであり，祖語まで遡ることができるとは決して
断定してはいない。その可能性があったとしても，あくまで，今後の研究成果
をまたねばならないと述べているのである。この藤岡の日本語系統論説につい
て，現代言語学界において，誤解がしばしば見受けられる。
　例えば，現時点で，「藤岡勝二」という項目を掲出した辞書として，佐藤武義・
前田富祺（編）（2014）の『日本語大辞典』を挙げることができる。辞書とし
て優れた機能を有しているが，町田（2014）の「藤岡勝二」の項目については
気になる箇所があった。
　以下に，記すと次のようになる。

　藤岡勝二　ふじおか　かつじ。
　1872〜1935年。京都に生まれる。【専門】言語学者。1897年東京帝国大
学文科大学博言学科卒業。1905年東京帝国大学文科大学助教授，1910年
同教授，1933年に定年退官。
　【解説】
　アルタイ諸語の研究に従事し，日本語がウラル・アルタイ語族に属すると

主張したことで知られる。満州語文献の翻訳『満文老档』（小倉進平と共著。1939年）があるほか，『羅馬字手引』（1906），『国語研究法』（1907年），『大英和辞典』全二巻（1921年）などの著書がある。（町田健）

　既述してきたように，藤岡は，日本語とウラル・アルタイ語族の共通項を，14箇条に分類している。ただし，あくまで共通項を述べただけであり，決して日本語の系統がウラル・アルタイ語族であるとは結論づけてはいない。また，当時の藤岡はウラル・アルタイ語族という名称を用いているが，現代言語学ではウラル語族とアルタイ諸語は区別されている。さらに，満州語文献の翻訳の『満文老檔』は，彼の逝去した後，小倉進平によって刊行されたのであって，生前，共著として出版されたわけではない。

　上記の文では，藤岡が，日本語はウラル・アルタイ語族に属すると主張したことになっているが，彼は，共通項を挙げ，その可能性を唱えたに過ぎないのである。藤岡の学説は日本語系統論史では頻繁に引用されることがあるが，現代の著名な言語学者が誤謬に陥るほど，未だ現代の言語学界でも正確に理解されていないのが現状であろう。

　次に，ここで重視すべき点は，藤岡が，日本語系統論の分野において，類型学的アプローチという斬新な方法論を取り入れた点にあることを強調しておきたい。

　なお，これ以降は，類型学的アプローチを用いた研究は，ほとんど行われていない。しかしながら，日本語と諸言語を類型学的観点から比較することは，比較言語学一辺倒の時代においては，現状を打開するためにも，きわめて有効な方法論になるとみなされたことであろう。ちなみに，現代言語学においては，系統関係を念頭に置くことなく，言語を比較することは，対照言語学（contrastive linguistics）の分野に分類され，比較言語学とは全く別の分野の研究に属している。この方法論は，現在では，主に日本語教育の分野で重要視されている。当時のマクロな「語源学」を考える上で最も重要な方法論は，比較言語学とみなされていたであろうが，類型学的アプローチも，マクロ「語源学」を構築するにおいて，重要なアプローチの一つになると期待された方法論

であったことであろう。ただし，これ以降は，比較言語学，類型学的アプローチ等の方法論自体は停滞し，その後，言語学者モリス・スワデッシュ（1909-1967）が提唱した言語年代学，語彙統計学等の計量学的アプローチを援用した新しい方法論がみられるようになった。言語学者服部四郎も，一時期，日本語の系統について，語彙統計学を用いて，アプローチを試みたことがある。言語コーパスは，無文字社会のアイヌ語の語彙であり，当時としては，新奇な方法論であったが，この種の方法論では，基礎語彙の選定について，やはり致命的な問題点が残ると言わざるを得ない。

　以上，三つの方法論を概観したが，「系統論」という用語を使う限り，方法論としては，比較言語学を用いるしかない。これまで，日本語は数多の諸言語と比較されてきたが，いずれも比較言語学的観点からのアプローチであった。しかしながら，日本語の語彙の通時的，共時的な側面をみれば，今後，この方法論だけで，日本語の系統論が解明されることはきわめて難しいと言わざるを得ない。この意味において，藤岡勝二が，当時としては，頗る斬新な類型学的アプローチ，すなわち，共時的観点からのアプローチを用いたことは特筆しなければならない重要な事項といえるであろう。近代「言語学」が人文科学の分野において，科学的方法論を確立するためには，上田萬年が導入した音韻対応によって祖語を再建する「比較言語学」が必要であったかもしれない。しかしながら，その後，従来の通時学的観点から，共時学的アプローチへと転換した方法論を試みた点において，1908（明治41）年に，藤岡勝二が発表した「日本語の位置」は，今後の日本語系統論に対する新奇な方法論を提唱した意味のある研究論文といえるのである。

　ただし，今後，「語源学」という名称を用いるのならば，比較言語学にこだわらない類型学，言語年代学，さらに，また別の観点からのアプローチによって柔軟で多面的な角度からの方法論が求められるだろう。

　次節では，さらに詳細に，藤岡勝二の日本語系統論に関わる論文，さらには，近代「言語学」が誕生した後の，「語源学」の時代区分等についても，考察を試みたい。

5.3　近代「言語学」史における藤岡勝二の論文の位置づけ

5.3.1　日本語系統論史の時代区分について

　前節でも述べたように，日本語系統論史上，最も重要な論文といえば，藤岡勝二が，1908（明治41）年に発表した「日本語の位置」であろう。日本語系統論史における時代区分に関する論考は，綿密な考察が必要になるため，紙幅の関係上，この方面に関して詳らかに論じた拙稿（2006）に譲ることにしたい。ここでは，マクロ「語源学」，日本語系統論史の時代区分の概略について記しておきたい。

　まず，藤岡勝二の論文が発表される以前に，明治以降にも，きわめて重要な論考があったことについて指摘しておきたい。特に，元々はイギリスの外交官であったウィリアム・ジョージ・アストン（1841-191）の日本語と朝鮮語の比較研究や，チェンバレンの日本語と琉球語の比較研究は挙げなければならないであろう。ただし，この頃には，日本人による科学的手法を駆使した独自の研究はみられなかった。日本人として，まず日本語と他言語の比較を行ったのが国学者大矢透（1851-1928）である。1889（明治22）年に，『東京人類学会雑誌』で発表した「日本語ト朝鮮語トノ類似」という論文が，明治以降，日本語と他言語を比較した嚆矢とみなすことができるであろう。この段階では，日本語系統論の本格的な研究論文であるとは認めがたい面もみられる。なぜなら，大矢の研究は，他言語との類似性を指摘したに留まり，科学的な手法は全く用いられていないからである。比較言語学を用いた本格的な論文は，この頃，ドイツに留学した東洋学者白鳥庫吉（1865-1942）の論文までまたなければならなかった。当時のドイツでは，比較言語学，とりわけ，青年文法学派の活躍がみられ，ドイツのベルリン大学やライプニッツ大学では，ゲオルク・フォン・デア・ガーベレンツ，カール・ブルークマン，ヘルマン・パウル等錚々たる泰斗たちが，文献研究から脱し，音声重視の志向性をもった先進的な研究を進めていた。特に，白鳥以降に，ドイツに留学した上田は，青年文法学派の影響を強く受け，チェンバレンが築いた「博言学」から脱し，日本人による日本独自

の「言語学」を目指すようになったのである。ただし，既述したように，この頃の言語学界の中心的存在は，すでに藤岡にあり，1905（明治38）年には，上田は正式に東京帝国大学の言語学講座を弟子の藤岡に譲っていたのである。上田は，以降，国語政策を中心とする「国語」という理念の確立にひたすら向かうことになる。また，特筆すべき事項は，藤岡勝二が「日本語の位置」を発表する以前に，言語学以外を専門とする人文学の碩学たちが，いち早く日本語系統論の研究を本格的に行っていたことといえよう。まず，初めに，哲学者井上哲次郎が，実に精緻な方法論を用いて，日本語とマライ語の比較研究を行っている。これに対して，反駁を試みたのが，上記に掲げた，後に東洋学の泰斗と呼ばれた東京帝国大学教授白鳥庫吉である。白鳥は，若き頃にドイツに留学し，アルタイ諸語やヨーロッパの諸言語等，数多の言語に精通していた。

　なお，井上との論争が寄稿された研究論文は次のごとくである。

　　井上哲次郎（1897）「人種，言語，及び宗教等の比較に依り，日本人の位置を論ず」
　　　『東邦協会報告』第20号
　　白鳥庫吉（1897）「『日本書紀』に見えたる韓語の解釈」『史學雑誌』第8編第7号

　白鳥は，専門の東洋史以外に，言語学の分野でも該博な知識を有していた稀有な学者であったといえよう。なお，前節でも述べたように，藤岡勝二は，本格的な類型学的アプローチを用いた論文を発表する以前に，この頃，日本語とインド・ヨーロッパ語族を同系とみる論文に対して，反駁をした論文も発表している。そして，専門領域ではない経済学者田口卯吉，英文学者の平井金三も精力的な論文を発表していたのである。田口，平井の論文に対して，言語学，国語学が専門の新村出や藤岡勝二がこの学説の誤謬を質している。

　この論争の代表的な論文を，時系列に，下記に掲げておく。

　　田口卯吉（1901）「國語上より観察したる人種の初代」『史學雑誌』第12編第6号

新村出（1901）「田口博士の言語に關する所論を讀む」『言語學雜誌』第2
巻第9号

藤岡勝二（1901）「言語を以て直に人種の異同を判ずること」『史學雜誌』
第12編第9号

平井金三（1904）「日本の言葉はアリアン言葉なり」『新公論』第8-10号

　その後，1908（明治41）年に，藤岡が，類型学的観点からアプローチを試
みた従前の方法論とは異なる論文を発表する。また，翌々年には，金澤庄三郎
が，ウラル・アルタイ説に反駁するかのように，『日韓兩國語同系論』という
著書を刊行する。ただし，この著書は，日本語と朝鮮語の酷似した語彙だけを
集めたものであり，言語学的に学問的価値があるとはとうてい考えられない。
おそらく，当時の時代的背景に鑑みると，多分に国家主義的イデオロギーの影
響があったとみなすことができるだろう。
　このように停滞していた系統論を再び別の角度からアプローチしたのが，ア
ルタイ学が専門の藤岡勝二の直弟子東京大学言語学科教授服部四郎である。服
部が本格的に言語年代学を用いた論文は，1957（昭和32）年に発表した「ア
イヌ語の研究について」と考えてよいであろう。服部は，この頃すでに言語年
代学の必要性に気づいていたが，言語学界では，依然，比較言語学が言語学の
主流を占めていた。このような状況下において，アルタイ学の権威服部が，日
本語とアイヌ語との同系を模索した点やモリス・スワデッシュの「言語年代学」
という方法論を導入したことは注目しなければならない。また，興味深いこと
は，もう一人の著名なアルタイ学者村山七郎（1908-1995）も，晩年，日本語
とアイヌ語との親縁関係を検証していたことである。チェンバレンが，日本語
とアイヌ語との先駆的な研究を行っていたとはいえ，この頃は，まだ本格的な
研究は進められていなかったのである。
　上述してきたように，日本語系統論史上最も重要な論文といえる藤岡勝二の
1908（明治41）年の「日本語の位置」を境として，それ以前を黎明期，以降
を展開期と位置づけ，今日までの日本語系統論史を区分するならば，概ね三期

に区分することができると筆者は考えている。

5.3.2　日本語系統論と「語源学」との接点―形態素分析とは何か

　「語源学」を社会言語学と同様に，マクロとミクロに峻別するなら，この分野は，日本語系統論の研究と個々の語彙の語源研究に分類できるだろう。しかしながら，明治以降，科学的方法論を用いながら，比較言語学という専門的手法を用いた学問分野と日本語の語彙の源流を遡求する研究分野とは，現時点での研究レベルにおいては，かなり乖離している印象は否めない事実といえよう。しかし，実際には，語彙研究も歴史的経緯が分からない限り，検証することが困難な分野であり，系統論とは研究の視点においては共通点がみられる。ただし，現段階においては，日本語系統論の研究によって証明されている言語は琉球語に限られており，アルタイ系の言語や南方系の言語との関連性が指摘されたこともあったが，明確な祖語（parent language）は提示されていないのが現状である。また，音韻，語彙，文法の特徴から判断すると，一般的には，南方系を基層言語（substratum）とし，北方系の言語を上層言語（superstratum）とする学説が説かれているが，これは，アルタイ系の言語が，シンタクスの面で日本語ときわめて酷似した特徴を有するからである。ただし，語彙に関しては，再構することが困難なほど隔絶した状況にあるといえよう。また，開音節言語が多い南方系の言語は，日本語の音節と類似点が多く，語彙の面で顕著な特徴を見いだすことができる。勿論，系統論の研究者によっては，この逆の学説の立場をとる場合もみられ，日本語の成立に関する議論の結論を出すことは，現段階では時期尚早といえる。ただし，残された文献を駆使しながら，様々な方法論を試みていけば，今後はある程度の成立状況が明らかになる可能性もあると筆者はみている。その一つとして，ここでは，形態素分析によって語源の解明を試みる方法を取りあげることにしたい。本項では，この形態素分析の説明をしてみたい。

　日本語系統論において，本源（cognate）か借用語（borrowing）かという問題は，頗る重要な問題になる。日本語の語種は，大別すると，和語，漢語，外来語，混種語になり，日本語系統論に重要な語種は，元来の日本語（大和ことば）である。例えば，「菊」，「馬」，「梅」のような中国語起源の語彙は，時

代の変遷を経て，現在では，もはや外来語の印象を抱くことはなく，和語と感じられるようになっている。上記の例のように，日本語の場合，本源か借用語か判別できない例が多数みられ，言語学的に証明することがきわめて困難であるが，アルタイ系の言語の場合，導入できるのが，形態素分析という方法である。

本項では，例として，アルタイ諸語の語彙を挙げ，本源か借用なのか，どのように判断すべきなのか考えてみたい。ここでは，アルタイ諸語に属する古代ウイグル語のbilik「智慧」とモンゴル文語bilig「智慧」を比較したい。両方の語彙は意味も形態も頗る酷似しており，一見したところ，同源であるかのような印象をもつが，実際には，次のような形態素分析が可能である。

bil-「知る」+ ik [deverbal noun]（uig.）> bilig（mong.）　「智慧」

uig.：古代ウイグル語　　mong.：モンゴル文語

上記の例をみれば分かるが，古代ウイグル語bil-「知る」という動詞が名詞化してできた単語が，モンゴル語に借用されている。個々の語彙について，このような形態素分析を行うことによって，語源を調べることができ，この方法論によって借用語彙を排除することが可能になる。そして，形態素分析のような方法論が，今後の日本語系統論，マクロ「語源学」にも大いに援用できると考えられるのである。この形態素分析を利用しながら，借用語彙を排除し，少しでも古形を再構していくことは，ミクロ，マクロを問わず今後の「語源学」を構築する上で必要なことになるだろう。

5.3.3　日本語系統論と藤岡勝二のアルタイ学の業績

藤岡勝二のアルタイ学に関する研究業績については，拙著（2000）でも，詳細に既述しており，その後も多くの拙稿において，藤岡のアルタイ言語学において果たした役割について論じてきた。上述したように，藤岡勝二は，多様な研究テーマを有しながら，アルタイ学の研究者としても，高く評価されている。

　ここでは，藤岡が，アルタイ学を通して，文字と音に関する言語観について，どのような影響をうけたのか，その経緯について考えてみたい。藤岡のアルタイ学の代表的な翻訳書として，『羅馬字轉寫日本語對譯　喀喇沁本蒙古源流』（文求堂書店，1940）がある。これは，藤岡が逝去して5年の時を経て，刊行されたモンゴル文語の翻訳書である。刊行に尽力した藤岡の弟子たちによると，ノートにびっしりと，縦文字のモンゴル語のローマ字転写（transcription）に日本語の翻訳が施されていたらしい。一般にモンゴルの三大文学は，『元朝秘史』，『アルタン・トブチ（Altan tobči）』，『蒙古源流（Erdeni-yin tobči）』といわれているが，どの文学作品も，当時のモンゴルの言語，文学，歴史，人類学を知る上で，大変貴重な資料と考えられる。とりわけ，『蒙古源流』は仏教的色彩が濃く，宗教的観点からも興味深い文学作品である。藤岡が，こうした文学の仏教的語彙を理解できたのは，生家が，浄土真宗を信仰していたことや，後年，門徒会会長まで引き受け，サンスクリット学の泰斗高楠順次郎とともに，東京帝国大学仏教青年会の活動にも加わったことと無縁とはいえないであろう。また，浄土真宗本願寺の教西寺で生まれた藤岡は，サンスクリット語という言語学と関係の深い言語に，幼少の頃から馴染んでいたと考えられる。

　なお，モンゴル文語の最も難しい点は，縦書きの音素文字であり，歯茎閉鎖音のtとd，軟口蓋音のkとgの区別が文脈でしか判断できないことである。また，同じaという文字でも，語頭，語中，語末で変化する。かなり多くの文献を読みこなせば，確かに慣れてくるが，それでも全ての文献を正確にローマ字転写するには，大変な労力を必要とする。このような事情がもとで，藤岡がローマ字の有用性を説くようになったのかもしれない。

　現在も，筆者は，専門の言語学，日本語学の研究と同時に，アルタイ学において最も重要なモンゴル仏典をローマ字で転写をしながら読むことがある。藤岡が，他の研究テーマをもちながら，膨大な文献を翻訳することができたのは，精緻な言語学的知識だけではなく，仏教思想にも精通した稀有な言語学者であったからであろう。

5.4　日本語系統論における藤岡勝二の「日本語の位置」の再検証

　本節では，藤岡（1908）が唱えた14箇条の日本語とウラル・アルタイ語族
—既述したように，当時の名称であり，現代言語学では，ウラル語族とアルタ
イ諸語が一般的である—の再検証を試みたい。現代言語学の観点からみると，
この学説をもってして，日本語系統論を論証できないのは明らかであるが，当
時，藤岡が，どのような点を着眼したのか考察しておきたい。

　なお，先に，藤岡の直弟子服部（1999）が，藤岡の14箇条をわかり易くま
とめたものを掲げておきたい。他の概説書でも，藤岡の学説を挙げている場合
がみられるが，断片的なものが多く，これほど簡潔にまとめたものはない。[36]

（１）語頭に子音が二つ来ない。

（２）ｒ音で始まる語が無い。

（３）母音調和がある。

（４）冠詞がない。

（５）性がない。

（６）動詞の変化が屈折法によらず膠着法により，一律である。

（７）動詞につく接尾辞・語尾がかなり多い。

（８）代名詞の変化が印欧語とことなる。日本語の助詞即ち「テニヲハ」
　　　の接尾による。

（９）前置詞の代りに後置詞がある。

（10）「持つ」（have）という語がなく，「……に……がある」という表現
　　　法を用いる。

（11）形容詞の比較を表わすのに，英語のように接続詞（than）を用いな
　　　いで，奪格を示す「テニヲハ」（日本語では「より」）を用いる。

（12）疑問文は陳述文の終りに疑問を表わす助詞（日本語では「か」）を
　　　つけて作る。

（13）接続詞の使用が少ない。

（14）語の順序。修飾語は被修飾語の前に立つ。目的語が動詞の前に立つ。

　　しかしながら，これらの特徴は，それらが日本語の近隣の他の諸言語に無いことを明らかにしなければ，日本語と「ウラル・アルタイ語族」との間に親族関係のある蓋然性の大きい論拠として利用することができない。

　では，下記に藤岡の14箇条を掲げ，現代言語学からみた場合，どのような点が問題なのか検証していきたい。拙著（2000）で，すでにこの14箇条については，詳細に考察したことがあるため，本節では，藤岡の14箇条を掲げた後，項目順に，藤岡（1908）の言説の一部を挙げることにしたい。その後，必要な場合は，各事項に関する考察を試みることにする。

　既述したように，藤岡の学説の重要性は，類型学的アプローチを導入した点にあり，自身も認めているように，この項目で日本語系統論が解明できたとはいえない点は付記しておきたい。

1）語頭に子音が連続することを避ける。

　　第一，音の方から申しますと，所謂文典の3分法の順序から言つて，音の方から言ふと，語頭に子音が二つ来ると云ふことを「ウラル・アルタイ」の言語では嫌ふと云ふことが言へます。

　上記の項目以外にも，注目しておくべき点は，開音節言語（open syllable）と閉音節言語（closed syllable）についてである。現代日本語は，開音節言語であり，一方，アルタイ諸語は，子音終わりの語彙が多く，閉音節言語とみなされている。しかしながら，1603（慶長8）年に，宣教師によって記された『日葡辞書』の語彙の中には，少なからず，閉音節の言葉が現われている。

　例を挙げると次のようになる。

　　　　Qiocuxet　　　　「曲折」
　　　　Suimet　　　　　「衰滅」

Teifat　　　　　　「剃髪」

　このような例から，筆者は，上代以前の日本語にまず仮名文字が導入され，その後，文字の影響により開音節化した可能性も拭いきれないと考えている。チュルク諸語やツングース語の音節構造の共通性を考慮すると，上代以前の日本語が閉音節言語であった可能性も決して否定できないのである。さらに，アルタイ諸語の中でも，基本的にCVC-をとるモンゴル文語とCCV-を許容する古代ウイグル語のような例もみられる。

CCV-　　　　　　　CVC-
braman　（uig.）　＞　biraman　（mong.）　　「バラマン」
prit　　　（uig.）　＞　birid　　（mong.）　　「餓鬼」

uig.：古代ウイグル語　　　mong.：モンゴル文語

　上述したように，文献上の問題もあり，この項目に関しては，さらに検討する余地が残されているといえよう。

2）語頭にr音がこない。
　　　著しい一例を挙げれば露西亜の国名です。是は英語で言へば「ラシア」露西亜語では「ロシア」です。それを，匈牙利語で，（この例には匈牙利もこめられているのです。）言ふと「オロス」となります。「ロス」の前に「オ」を付けて造ったものです。かやうな「オ」は意義上に変化を起こさないもので，是を言語学では「インオルガニック」のものと言ひます。日本語でも露西亜のことを矢張「オロシア」と言ったのも是であります。

　現代日本語の語彙には，初頭がr音で始まる漢語起源の言葉が数多く存在している。しかし，大和言葉には，このような語彙は全く現れない。現在のアルタイ諸語の借用語彙も，下記の例のように初頭に母音が添加され，語頭にr音

がくるのが避けられる。

　ここでは，以下に，モンゴル文語と現代モンゴル語の例を挙げることにする。ともに，r音の前に母音が挿入されていることが分かる。

モンゴル文語　　　　　現代モンゴル語

　　orus　　　　　　　　opoc　　　　　　　「ロシア」

　以下の語彙は，サンスクリット語経由の借用語であるが，モンゴル仏典中にみられる語彙では，語頭に明らかに母音が現われている。

　　rV-　　　　　　　　VrV-

　　rasiyan　（skt.）　　arasiyan　（mong.）　　「聖水」

　　　　　　　　　　　　skt.：サンスクリット語　　　mong.：モンゴル文語

3 ）母音調和（vowel harmony）の存在

　　　日本語が他の点に於て「ウラル・アルタイ」の中へ這入るものと今後極まったならば，其暁に於て，何故に日本語に母音調和法がないかと云ふ説明は大いに研究しなければならぬことにならうと思ひます。それまでは，預かりにしておきます。是だけが音の論です。音のことは先づそんなこととして其上の細かい論は只今止めておきます。

　アルタイ諸語には，一つの単語の中に男性母音と女性母音—陽性母音と陰性母音という名称が使われることもある—が共存しない母音調和（vowel harmony）という言語現象がみられる。さらに，母音調和を詳細に分類すると，口蓋調和，唇音牽引（labial attraction）等の複雑な言語現象も存在している。特に，チュルク諸語は，口蓋調和を基調とし，これに唇音牽引が付加される言語と口蓋調和のみの言語に分けることができる。ただし，現代モンゴル語の/i/の母音については，中性母音（neutral vowel）のみ存在し，完全な母調調和

は消失している。しかし，現存する文献の言語特徴から判断すると，古代モンゴル語では，男性母音と女性母音が明確に区別されていたと考えられる。現在，この母音調和を完全に残している言語は，チュルク諸語（turkic）の中のトルコ語（turkish）である。

　以下にみられるように，この言語では男性母音と女性母音が明らかに使い分けられている。

```
ɪ u o e          男性母音

i ü ö a          女性母音
```

図1　トルコ語の母音調和

　勿論，現代日本語には，このような母音調和の現象は存在していない。しかしながら，『記紀万葉』の文献には，特定の音価に関してのみ，文字の使い分けが表れる「上代特殊仮名遣い」という現象がみられたことが知られている。江戸時代には，本居宣長（1730-1801），石塚龍麿（1764-1823），奥村栄実（1792-1843）等の国学の泰斗が，すでにこの音韻体系についての研究を始めており，甲類，乙類の「キヒミケヘメコソトノヨロモ」の音価に対して，漢字の使い分けがあったことが徐々に明らかになってきた。その後，国語学という学問分野が次第に確立されるにつれて，橋本進吉（1908-1952），池上禎造（1911-2005）といった碩学の国語学者たちが，上代以前の日本語には，母音調和と同じような現象があり，現在の母音とは異なる8母音の体系を有した可能性を示唆したのである。上代の母音体系に関しては，別の見解も存在しており，有名な母音体系の説では，松本（1984）が，古代日本語の8母音は，異音（allophone）であり，音韻体系自体は，5母音のままであったと指摘している。いずれにせよ，上代以前の日本語とアルタイ諸語が，母音調和という共通の言語現象を有していたことは，まず間違いないであろう。そして，当時，藤岡が疑問を呈した項目が，完全ではないにしろ，ある程度の解決をみることになり，藤岡の日本語とウラル・アルタイ語族説の共通性に関する説は，ますます信憑性を増すようになったのである。有坂，池上の学説はほぼ同時期に発表されており，藤

岡も存命ではあったが，この頃，病床にあったためか，かつて，東京帝国大学
文科大学言語学科教授として卒業論文の指導をした直弟子有坂の学説に対し，
藤岡がどのような考えをもっていたのか今では知ることはできない。

4）冠詞（article）が両言語に存在しない。

　　　第四に「ウラル・アルタイ」の言語には冠詞と云ふものがない，英語で
　　言ふような冠詞と云ふものがないのです。

5）文法的カテゴリーにおける性（gender）がない。

　　　第五は文法上の性のことです。是れは日本人から考へれば非常に不思議
　　なものです。性があると云ふことはいかにも無意味に思はれます。

　　文法的カテゴリーには，性（gender）・数（number）・格（case）等の言語
特徴がある。とりわけ，インド・ヨーロッパ語族に属する言語においては，こ
の特徴が顕著に現れる。一方，日本語やアルタイ諸語には，このような文法上
の性のような特徴は全く現れない。ただし，インド・ヨーロッパ語族の言語で
あっても，現代英語のように，すでに文法上の性が失われた例もみられる。し
たがって，文法上の性の問題を，類型学的観点から比較する場合には，通時的
な判断に委ねなければならないであろう。

　　これ以降の項目，6），7），8）は，日本語の膠着語的性格に関係している。
特に，拙著（2000）において，藤岡の14箇条の内，6箇条以降は，「膠着語的
性格を有する」というテーマで論じているが，再検討をしてみると，当時の藤
岡は，「膠着」という用語は一切用いていないことが分かった。「クツ着く」と
いう頗るわかり易い表現に留めおいている。当時の藤岡には，日本語を「膠着
語」的言語であるという認識はなく，むしろ「粘着語的」的性格として捉えて
いたことを窺うことができるのである。

6）動詞の活用変化の仕方

　　「ウラルアルタイ」語の或るものが語幹にだんだんク・ツ・着いて往くので
す。ク・ツ・着いて往くと云ふことは，元からあるものが曲げられると云ふこ
ととは違ひます。所謂西洋の「インフレクション」とは（起源は別問題と
して）趣が違ひます。さて，日本語でそのやり方と「ウラルアルタイ」の
例へば土耳其語とか蒙古語とか満州語とかのやり方と比べますと同じこと
です。同じやうに下へ下へとク・ツ・着いて來るのです。随分長くいろいろク・
ツ・着きます。

　　以下に，動詞の活用について，現代日本語と現代モンゴル語を比較し，検討
してみたい。例として，「書く」という動詞を比べることにした。ただし，実
際の音素を出来る限り正確に記すために，現代日本語の場合は，ローマ字表記
にした。

| | 日本語　kaku | 現代モンゴル語 | бичих | 「書く」 |

	日本語	現代モンゴル語		
未然形	kakanai	бичихгүй	「書かない」	
連用形	kakimasu	бичнэ	「書きます」	
終止形	kaku	бичих	「書く」	
連体形	kakutokı	бичихэд	「書くとき」	
仮定形	kakeba	бичвэл	「書けば」	
命令形	kake	бич	「書け」	
意思形	kakou	бичье	「書こう」	

　　現代モンゴル語では，б・и・чという語幹を基調として，藤岡の言を借りれば，
まさに，後に「ク・ツ・着いて」活用変化が成立している。一方，日本語の場合は，

（kak＋母音交替＋接辞）という形式が確立しており，どちらかといえば，屈折的特徴を有しているといえる。

７）語尾の接辞が多い

　　語尾の接尾とも言ひますが，さういふ類のものが確かに多いのです。故にこのことも特徴として挙げられると思ひます。

８）代名詞の変化

　　かりに此方のも変化と称して，さて，「ウラル・アルタイ」の代名詞の変化と印度ゲルマンの方のと比べると，変化の仕様が著しく違つて居ますことがわかります。

　以下に，現代日本語と現代モンゴル語の代名詞の変化を掲げると次のようになる。

現代日本語と現代モンゴル語の代名詞の格変化

格（case）	現代日本語	現代モンゴル語
主格（nominative case）	私は	би
属格（genitive case）	私の	миний
与位格（dative-locative case）	私に	над
対格（accusative case）	私を	намайг
奪格（ablative case）	私から	надаас
造格（instrumental case）	私で	надаар
共同格（comitative case）	私と	надтай

　代名詞の格変化をみれば分かるように，「私」という代名詞の後に，格語尾が付着している。一方，現代モンゴル語の場合は，主格と属格が全く異なる形態を呈している。ただし，与位格，対格，奪格，造格，共同格には，н а［na］という同一の形態が現われているが，明確な形態素分析は不可能である。この例の場合は，むしろ屈折的な特徴を有していると考えるべきであろう。

9）後置置（postposition）の存在
　　　只彼方で前置詞として居るものに当るものが何時でも後へ付くことを言ふのです。是れはもう「ウラル・アルタイ」全部を通じて居る日本語も同じことです。

　本項目の共通性は，日本語とアルタイ諸語が，いずれもSOV型言語に属することに起因すると考えられる。

10）「モツ」という言葉がなく，（……に……がある）という異なる用法をとる。
　　　第十には「モツ」と云ふ言葉がないことです。是は珍らしいことです。日本語にあるではないかと云ふ御答が出ませうが，西洋で言ふやうな意味で，つまり英語で言ひまする（Have）に当るものはないのです。日本語にも「ウラルアルタイ」全部何処にも本來ないのです。著しいことです。

11）形容詞の比較に奪格を用いる。
　　　さて，その前置詞「より」は英語ではThan接続詞ですが，「ウラルアルタイ」語族では，又我が國語では奪格を示す「てにをは」を用ゐるのです。「より」自身がそれです。韓語でも矢張さういふものを此場合に用ゐます。故に是れが又一ヶ条に数へられると思ひます。

12) 疑問詞が後にくる。

　　第十二には問ひの文章は西洋の言葉は御承知のやうに語の位置を換へる，動詞を初めに持つて來る。ところが我々の言葉及び「ウラルアルタイ」全部，土耳其でも満州でもどこでも皆それ等の言葉は何か問ひを示す言葉を当り前の文の終ひに付けます。日本語もさうでせう。

　　現代モンゴル語の場合は，次のような用法をとる。

　　Энэ　　　юу　　вэ　　　？
　　これは　　何　　ですか

13) 接続詞の使用が少ない。

　　接続詞の使用が日本語には少い。少なくとも古い言葉に接続詞はなかったらしい。稍遅れても極めて少いのです。「ウラルアルタイ」全部さうです。日本で今日文法に現はれて居る所謂接続詞は本来のものではない，外の品詞からやつて來て此処へ寄留して居るものです。

14) 言葉の順序（「限定詞」＋「被限定詞」及び「目的格」＋「動詞」の語順）
　　言葉の語序は一体に形容するものが形容されるもの、前に立つ。

　　次は日本で訳して客語と言つて居りますが，此客語が動詞の前に立つことです。花を折る。水を飲むと云うやうに飲まれるものを先に言ふ。折られるものを先へ言ひます。是れは西洋でも支那でもそれが顛倒して居る。ところが，「ウラル・アルタイ」全部さういふやうに平たくいへば「を」の付くものを前へ置いて言ひます。言葉の性質と見られるものです。

　既述したように，藤岡（1908）の提唱した学説の意義は，比較言語学一辺倒の研究から脱して，類型学という新しい観点から日本語と他言語を比較した点にある。現代言語学からみると，上記の14箇条だけでは，日本語とウラル語族とアルタイ諸語が同源であるとは決して結論づけることはできない。

　現代言語学の研究成果を概観すると，松本（2007）が，類型地理的観点から綿密な検証を行っている。松本（2007）は，第3章「日本語の系統と"ウラル・アルタイ説"」と題して，「『ウラル・アルタイ的特徴』14箇条の検証」というテーマで，藤岡の学説に対して，次のように疑問を呈している。[37]

　　　日本語系統論における「ウラル・アルタイ説」とは，どうやら，ヨーロッパ中心の言語観が生みだした幻想にすぎないと言ってよいかもしれない。言語の系統問題に類型的特徴を適用するためには，もっと広い視野から，それらが問題の語族ないし言語群にとって，真に固有なものかどうかを十分に見極めなければならないのである。

　さらに，松本（2007）は，「日本語がウラル・アルタイ語と著しく異なる言語特徴14箇条」を唱え，次のようなことを述べている。[38]

　　　以上の検討から，日本語が音韻や文法構造の面でいわゆるウラル・アルタイ語と特別に近親な関係にあるという明治以来日本の学界に深く浸透した考えは，その根拠が極めて薄弱だという結論が導かれた。しかしここでは，さらに一歩進めて，実は，日本語はウラル・アルタイ諸語とは音韻面でも文法面でも非常に違った言語だということを，藤岡流の14箇条の特徴に基づいて論証してみたい。

　　　以下に見るように，この中にはそれぞれの言語の単なる表面的な違いというよりも，むしろ言語構造の内奥に関わる重要な特質が含まれている。

　松本（2007）は，この後，1）日本語の音節構造，2）日本語のアクセント，3）日本語のラ行子音，4）日本語の形容詞，5）日本語の指示代名詞，6）日本語の数詞類別，8）日本語の人称代名詞，9）動詞活用における人称標示の欠如，10）動詞活用と敬語法，11）名詞と主格標示，12）「ハ」と「ガ」，13）重複（または畳語），14）擬声・擬態語を挙げ，最後に次のように述べている。[39]

　　日本語がウラル・アルタイ諸語と異なる特徴は，まだ他にも挙げることができるが，藤岡流14箇条と釣り合いを保つためには，ここでとどめおきたい。主要な点はほぼカバーされたと思われるからである。

　　これらの特徴は，すでに述べたように，日本語を単にウラル・アルタイ諸語と隔てるだけではなく，これらの言語を含めたユーラシア内陸部の言語に対して，日本語，朝鮮語，アイヌ語等々を含めた太平洋沿岸部の諸言語を大きく特徴づけている。これらの言語特徴の中には，年代的に極めて奥行きの深いところでこれらの諸言語を結びつけるいわば「同源性」にまで遡るものもあるだろうし，一方ではまた，いろいろな時代に起こった言語接触や借用（いわゆる「伝播diffusion」）によって生じた特徴も含まれるであろう。今ここでそれらを逐一吟味する余裕はないけれども，日本語がユーラシア諸言語の中のどのような部分と親近な関係を持っているかについて，ある程度の見通しは得られると思う。

　上述したように，世界の言語を概観した松本（2007）の類型地理論的観点からのアプローチによる著書は，現段階の方法論によって，安易に日本語の系統が解明できると考え，日本語と個別言語の同源を唱えている研究者にとって必読の書といえるであろう。筆者自身は，フーゴ・シューハルト（1842-1927）が唱えた「混交」という理論から，日本語とアルタイ諸語に何らかの類縁性がみつけられるのではないかと考えているが，紙幅の関係上，この点については，稿を改め，論じてみることにしたい。

　現段階での，日本語系統論の解明はやはり極めて難しいと言わざるを得ない。しかしながら，松本（2007）が唱えた方法論は，現代言語学からみたアプローチであり，藤岡（1908）が唱えた学説は，比較言語学の方法論を排除し，類型学的方法論という新奇な方法でアプローチを試みた点に意義を見いだすことができる。藤岡自身も今後の研究の進展をまつことを望み，決して安易な結論を導きだしているわけではない。当時の言語学の研究水準を考えると，藤岡の論は，この意味において，きわめて価値がある方法論とみなすことができるのである。

6章　近代「言語学」の研究対象になった言語—アルタイ諸語

　前章で述べたように，近代「言語学」が成立するに際に，藤岡の師であり初代の東京帝国大学文科大学言語学科教授上田萬年は，自らの弟子に日本語と系統関係の可能性のある言語を学ばせた。とりわけ，「アルタイ諸語」は重要視され，上田の言語学を継承した藤岡が，アルタイ諸語，とりわけ，モンゴル語，満州語の研究に取り組むことになった。

　現代言語学の研究では，アルタイ諸語は，様々な言語の研究対象の一つに過ぎないが，当時は，日本語系統論，日本語の起源の可能性のある重要な言語の一つであった。5章では，藤岡（1908）の「日本語の位置」が，近代「言語学」史において，どのような位置づけにあるかという問題点について考察した。本章では，藤岡の言語思想を枢軸に置きながら，近代「言語学」研究におけるアルタイ諸語の研究について，概観してみたい。日本語系統論を真に解明するためには，比較言語学的観点から考察した音韻対応の一致が必須であり，藤岡勝二の言語研究の必要性を認めながらも，比較言語学の重要性を決して軽視するわけではないことを，ここで断っておきたい。

　まず，文献の成立年代について考察すると，紀元前1700年頃まで遡ることができるインド・ヨーロッパ語族の文献に対し，日本語系統論にとって最も重要な文献である「記紀万葉」の成立年代は，8世紀に過ぎない。具体的には，『古事記』が712年，『日本書紀』が720年，『万葉集』に関しては，詳らかでないが，ほぼ同時期に成立したと推定できる。一方，アルタイ諸語，すなわち，モンゴル諸語，チュルク諸語，満州・ツングース諸語の場合は，最古の文献の成立年代にそれぞれ違いがみられる。最も古いモンゴル文献の資料は，1225年のイェスゲイ碑文である。また，言語学的に見て重要な資料である『元朝秘史』は，

正確な成立年代は定かではないものの，言語特徴から判断して，ほぼ同時期であると考えられる。一方，チュルク諸語については，突厥文字で表記されたキョルティギン（köl tigin）碑文が732年，ビルゲカガン碑文が735年であり，モンゴル語の文献と比べ，年代的に古い資料であるが，インド・ヨーロッパ語族の文献に対して，その成立年代は比肩できうるすべもない。このように，文献自体に問題があるとき，音韻対応にとって最も重要な要素となる基礎語彙を選定することが，きわめて困難になる。ちなみに，高句麗語の場合，1145年成立の『三国史記』が，現在では最も古い文献であると考えられている。⁴⁰⁾

　比較言語学的観点から以外に，一時，膨大な数の基礎語彙を用いた因子分析法も日本語の系譜関係を解明するために導入されたこともあるが，社会言語学的観点からみると，このような方法論には疑問を感ぜざるを得ない。

　では，日本語系統論を解明するには，どのような方法論をとればよいのであろうか。筆者は，この問題に関して，従来の日本語系統論の分野において軽視されてきた言語類型学という言語分野に注目することにした。5章では，日本語系統論の解明の可能性にとって言語類型学という学問分野がどのような役割を果すのか，若干の考察を試みた。

　近代「言語学」の成立にとって，最も重要な課題が，上掲した日本語系統論の解明であり，その方法論が比較言語学であり，可能性のある様々な言語を調査することから始まった。そして，最も重要な対象言語として，アルタイ諸語が挙げられ，藤岡勝二にその任が託されたわけである。藤岡は，従来の方法論である比較言語学的観点からのアプローチではなく，言語類型学的観点から，この問題を解明しようとした。現代言語学からみると，些か稚拙な比較とみられるかもしれないが，当時，上田萬年が持ち帰った比較言語学一辺倒の方法論から脱し，新たな方法論から研究を試みた点は評価できると考えられる。

　このような点からも，筆者は，上述してきたように，この1908（明治41）年までを，近代「言語学」が成立する黎明期と捉えているのである。

　なお，本章は，拙著（2000）と拙稿（2002）を主に参考にしたことを明記しておく。

　では，まず藤岡勝二が，研究対象としたアルタイ諸語について，詳細に考察していくことにしたい。

6.1　アルタイ諸語かアルタイ語族か―とりわけ数詞と語順をめぐって

　筆者は，これまで日本語と系譜関係にある言語として，「アルタイ諸語」という名称を用いてきた。しかし，一般言語学の概説書の中では，「アルタイ諸語」と「アルタイ語族」という名称がしばしば混在して使われることがある。本節では，この両者の名称にどのような違いがあるのか明確にしてみたい。

　先述したように，藤岡（1908）が，日本語とウラル・アルタイ語族との親縁性を指摘した時には，一般的には，まだウラル語族・アルタイ諸語が同一の語族の範疇に属しているものと考えられていた。その後，言語学者の精緻な研究成果により，ウラル語族とアルタイ諸語が別の語族に属することが証明されることになるのである。ウラル・アルタイという名称が通俗化した原因は，おそらくフィンランド人のアレキサンダー・マティアス・カストレン（1813-1852）の「ウラル・アルタイ説」の影響であろう。実際には，両方の言語は酷似した特徴を有するものの全く別種の言語族であり，ウラル語族は，フィン・ウゴル派（ハンガリー語，フィンランド語，エストニア語等）とサモイェード語派に分岐できることが証明されている。しかしながら，現在も，言語学の概説書の中では，この両者を混同した説明がみられる。例えば，次に掲げる日本語研究の優れた概説書でも，ウラル語族とアルタイ諸語が完全に同一視され，日本語と系譜関係がすでに証明済みであるかのように記述されている。[41]

　　　系統的に分ければ，日本語はウラル・アルタイ語族に属し，ドイツ語はインド・ヨーロッパ語族に属している。形態論的に分ければ日本語は膠着語であり，ドイツは屈折語である。すなわち，日本語では，動詞・名詞・形容詞などの自立語に文法のはたらきを表す付属語が添えられて文が作られるのに反して，ドイツ語では動詞自体が形を変えることによって文法のはたらきを表すとし，名詞と形容詞は，前に添えられる冠詞類とともに語形変化することによって文法のはたらきを表す。

　ここでは，日本語とドイツ語との言語特徴が分かり易く解説されている。し
かしながら，日本語の系統論の説明に関しては問題点が残る。上記の文では，
ウラル・アルタイ語族がインド・ヨーロッパ語族と同様に，すでに証明されて
いるかのような印象を与えてしまう。ウラル語族は確かに，比較言語学的観点
から，その存在が証明されているが，アルタイ諸語に関しては，いまだ言語学
者の間でも見解の相違があり，語族と呼んでよいか否かは，明確になっていな
い。現在の言語学界において，一つの語族として認知できる段階ではないので
ある。

　では，本節で扱う日本語と系譜的関係の可能性があるアルタイ諸語が，「語族」
と呼ぶことができない理由は何であろうか。日本語との系統を考える前に，ぜ
ひこの問題について考察しておかねばならない。もし，アルタイ諸語に属する
各言語が系統的に親縁性を有していないとすれば，日本語系統論の学説も，根
底から再考しなければならないからである。勿論，この名称の是非については，
音韻，形態，統語等，様々な言語学的観点からの厳密な証明が必要なことはい
うまでもない。ただし，本節では，紙幅の関係上，この問題の詳細な説明につ
いては，別の機会に譲ることにしたい。ここでは，特に，数詞，語順のみに限
定し，日本語とアルタイ諸語の語彙の比較検討をしてみたい。いずれにせよ，
本節では，筆者のアルタイ諸語の成立に関する基本的な考えについて明らかに
しておきたい。

6.1.1　アルタイ諸語の数詞について

　先述したように，アルタイ諸語とは，モンゴル語，チュルク諸語，満州・ツ
ングース諸語のことを指しているが，ここでは基本的な数詞についてみていき
たい。次に1から5までの数詞を掲げることにする。

表3　アルタイ諸語の数詞（1〜5）

	モンゴル文語	チュルク諸語	満州文語
1	nigen	bir	emu
2	qoyar	iki	juwe

3	γ urban	üč	ilan
4	dörben	dört	duin
5	tabun	beš	sunja

　この中で，親縁性が認められ，内的再構（reconstruction）が可能であるのは，4ぐらいであろうか。アンチ・アルタイストが，アルタイ諸語の成立しない原因の一つとして，しばしば上記の数詞の不一致を挙げることがある。しかし，この違いをもってして，アルタイ諸語が語族として成立しないと判断を下すのは，早計の誤りを免れないであろう。日本語の数詞が，大和言葉の語彙から，漢語起源の語彙に変化したのが，ごく最近のことであることを想起すれば，基礎語彙の選定がどれほど困難なことか分かるであろう。

　これまで，欧米において，アルタイ語族説が成立すると唱えるアルタイ学者（代表的な学者としてニコラス・ポッペ）とアンチ・アルタイシスト（デニス・サイナーが知られている）の間で，激しい論争が繰り広げられてきた。しかし，この論証にはいつも決定的な結論がでていない。その原因として，文献の成立年代と基礎語彙の選定を挙げることができる。これまで，数多の比較言語学者が音韻対応の一致による再構形を試みたが，言語学者によってその再構形には差異がみられ，結局，現段階において，統一した見解は存在していない。一般言語学の概説書では「アルタイ諸語」という名称が用いられているが，筆者は，音韻だけではなく，形態，文法等様々な観点から，更なる綿密な研究を進めていかなければ，アルタイ語族が成立することを立証することはきわめて難しいと考えている。

6.1.2　アルタイ諸語の語順について

　6.1.1で考察した数詞以外の要因にも，アルタイ諸語の語順も比較の対象となるであろう。既出した言語学者グリーンバーグ（1978）は，世界の言語を，六つに分類しているが，アルタイ諸語は，基本的にはSOV型言語に属している。また，SOV型言語の中でも，日本語と異なり，比較的語順の自由がきかない「堅い規則」の特徴がみられる。上記の諸特徴は，アルタイ諸語に属する言語に，ほぼ共通した特徴を有しているといえよう。

　下記に，日本語と同じSOV型言語をとるアルタイ諸語を並べてみると次のようになる。例文としては，さらに古典的な文献に残る例を挙げるべきであろうが，本項目の説明としては，現代語の例文でも充分であろう。

S	O	V
Ben	kitap	okuyor.（トルコ語）
Би	ном	уншина.（モンゴル語）
私は	本を	読みます

　上述してきたように，現段階において，従来の比較言語学的な方法から，アルタイ諸語を解明するには限界があるといえる。アルタイ諸語の成立関係が借用関係によるものではなく，本源であることを証明するためには，文献による限界があると言わざるを得ない。本書でも，現在の言語学界の判断に委ねて，「アルタイ諸語」という名称で統一しておく。将来的には，膨大な文献が整理され，言語学的観点からだけではなく，他分野，例えば遺伝子学等の分野との協同研究が進捗すれば，「アルタイ語族」という一つの語族が存在したことが立証される可能性も皆無ではないといえるであろう。

6.2　「語族」という概念と今後の系統論研究の可能性

　前節では，アルタイ語族とアルタイ諸語という名称について考えてみたが，筆者は，この「語族」という概念について，社会言語学的観点からも，今一度考察する必要があると考えている。インド・ヨーロッパ語族のような一つの祖語を想定し，他言語との「混交」を一切排除し，言語が他言語と交わることなく，枝別れ式に変化していく学説には，やはり疑問を感ぜざるを得ないのである。

　ここでは，例として，ラテン語から分岐したイタリック語派（ロマンス諸語）を掲げることにする。

　比較言語学の分野では，ラテン語から現在のロマンス諸語に分岐したような

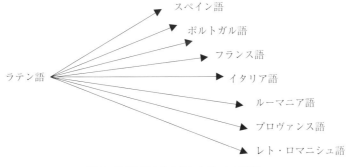

図2　ラテン語から分岐したロマンス諸語

　説明がなされているが，何の言語接触もなく，言語が純粋に分かれるなど現実
にありえるだろうか。筆者は，社会言語学的観点から「言語純粋主義」という
ものが成立するのか否か，議論すべき重要な問題が内包されているとみている。
膨大な文献を有するため，インド・ヨーロッパ語族が「語族」として証明され
た場合のほうが，むしろ例外的であるとみなすほうがよいのではないだろうか。
アルタイ諸語と語族の名称の違いに関しても，社会言語学における重要な用語
である「混交」という概念によって，現在のアルタイ諸語が成立したと想定で
きないであろうか。この「混交」，正確には「言語混交論」という用語であるが，
19世紀にすでに，フーゴ・シューハルトという言語学者が，比較言語学説に
反駁する学説として，あらゆる言語の特徴の一つとして唱えていたことは特筆
しなければならないであろう。当時，シューハルトの学説は，比較言語学者や
青年文法学派からも異端視されていた。しかし，現在では，ピジン・クレオー
ル等の概念も取り入れられ，社会言語学の一分野として認知されるようになり，
再び，このような言語の「混交」という学説が再評価されるようになっている。
さらに，現在では，クレオール文化等，その影響は言語学のみならず，文化人
類学等の様々な分野にも影響を及ぼしている。
　一方，既述してきたように，日本においても，藤岡（1908）が「日本語の位
置」を唱え，言語類型学的方法論を導入して，比較言語学とは別の視座から，
日本語の系譜関係を明らかにしようと試みた。シューハルトや藤岡勝二の学説
は，比較言語学から脱して，近代「言語学」の萌芽期から展開期を迎える分岐

点というべき重要な研究なのである。

　安本（1978）は，「語族」という概念を用いず，「言語流入論」という学説を唱え，「系統論」ではなく，「成立論」という用語を使っている。確かに，言語流入論自体の考えは，「言語純粋主義」という説からは脱してはいるものの，因子分析法を用いた方法論には依然として問題点が残るであろう。つまり，基礎語彙の選定の基準をどこに置くかがきわめて困難な問題なのである。言語間の借用関係の可能性を想定すれば，このような場合に用いられた理論が，どの程度まで信憑性があり，系統論の解明に寄与するのか疑問を呈さざるを得ないのである。このような理由から，アルタイ諸語に従来の比較言語学と同じような「語族」という概念を適用するより，様々な言語の「混交」によって「成立」したと考えられるのである。

　藤岡（1908）が唱えたウラル・アルタイ語族説以来，これまで様々な学説が唱えられてきたが，なぜ，この問題が解明されないのか，現代言語学の側面からみておきたい。藤岡の学説が提唱されて以降，日本語系統論に関する問題は，多くの言語学者の更なる重要な研究課題となった。しかし，今後の日本語系統論が成立する可能性については，ほとんどの言語学者，特に国語学者や日本語学者が否定的な見解を示している。例えば，比較言語学，フランス語学，語源研究等，様々な言語に精通していた言語学者堀井令以知（1997）は，この点に関して，次のような苦言を呈している。

　　　日本語の系統を論じる人たちの中には，単に語形が類似しているというだけで同系と思い込んだり，はなはだしいのは，自己流に勝手に言語要素を切り刻んで独断的に他の言語の語形に引き立て，いかにも外見上は精緻であるかのように素人に見せたがる人がいる。一つの語，一つの文法形態の歴史を無視しては，比較を正当に行ったとはいえない。時に世間に対して指導力をもつ人の無謀な発言は，世の中の人を惑わして危険である。われわれは幻想ゲームに注意しなければならない。

　日本語とアルタイ諸語の証明が解明されない主要な原因は，次の①～⑤に集約できるであろう。

①　基礎語彙のために必要となるデータが不足している。
②　基礎語彙そのものの選定が難しく，音韻対応の一致がきわめて困難である。
③　数詞が一致しない。
④　文献の成立年代に問題がある。
⑤　他言語（契丹大字，小字，西夏文字，女真文字等を含む）の研究が進んでいない。

6.3　アルタイ諸語における文献研究の重要性 ─藤岡勝二の残した資料の意味

　藤岡勝二の著作は没後，明らかにされたものが多い。ヴァンドリエスだけではなく，モンゴル，満州語の文献資料を転写して，翻訳の作業をしたものも残されている。なぜ，このような作業が必要なのか，本書をもって，この証明をしてみたい。

　アルタイ諸語の重要な文献研究の一つに仏典研究がある。奥書が明らかでない仏典の成立年代を知るためには，資料の綿密な言語特徴を理解しなければならない。拙稿（1991）では，「モンゴル仏典における古代ウイグル語の影響について」と題して，従来，チベット語の逐語訳とみなされてきたモンゴル仏典が，実は，古代ウイグル語の影響をかなりうけていることを指摘したのである。仏教的知識を有した藤岡も，『蒙古源流』を翻訳したことがあるが，『元朝秘史』とは異なり，かなり仏教的色彩の濃い文献なのである。藤岡は，このような仏教文献の語彙研究を通して，本源か借用かという問題の解明の一助になると考えていたのでないかと推測できるのである。その論証となる例を，ここで述べておきたい。

　筆者は，これまで，拙稿（1991）をはじめ，数多の論文において，モンゴル仏典の研究を試みてきた。これは，勿論，成立年代が不明な仏典が，頗る価値のある前古典期モンゴル文語（Pre-classical Written Mongolian）文献であることを証明するためであるが，この目的だけではなく，語彙の導入経路を明確

にすることによって，その語彙が，本源（cognate）なのか，借用語（borrowing）なのか判断できるからである。A言語と系統関係にあると想定できるB言語を比較するとき，まず祖形を再構すべきなのだが，日本語とアルタイ諸語の語彙を比較し，アルタイ諸語の仏教用語を日本語の語彙と同源であると誤解した例もみられる。

　一例として，ここでは，日本語の古語の「すめら」という言葉の意味を，『岩波古語辞典　補訂版』（2000）から引用してみることにしたい。この点については，すでに，村山七郎（1982）が『日本語：タミル語起源説批判』をはじめ，いくつかの著書の中で，この説に対する反駁をしているので，詳しい説明は避けることにするが，この「すめら」の語源については，現時点の『岩波古語辞典　補訂版』では訂正されてはいない。明らかに仏教用語といえる言葉であっても，否，仏教用語という意識がなくなった語彙ほど，日本語の語彙と同源ではないかという誤謬に陥る可能性がある。勿論，このような間違いがあるからといって，この辞書自体が良くないといっているわけではない。むしろ，現段階の古語辞典としては，最も使いやすい辞書といえる。しかし，影響力のある辞書であるからこそ，記載する語彙には，慎重を期する必要があり，日本語系統論に関わる語彙の説明には，とりわけ注意をしなければならない。「辞書」という一種規範的なものに，言葉が組み込まれてしまうと，元々は流行り言葉に過ぎなかった語彙であっても，その言葉自体がプレステージを有してしまう怖れがあることを忘れてはならない。

　なお，次に引用した文は，日本語の古語「すめら」の説明であるが，元々は，サンスクリット語起源の語彙であり，古代インドの神話で，宇宙の中心に聳える「須弥山」と音韻，意味が一致し，日本語の古語「すめら」（皇）とモンゴル語の語彙が同源である可能性があるとも記されている。[42]

　　　梵語で，至高・妙高の意の蘇迷盧sumeruと音韻・意味が一致する。また，最高の山を意味する蒙古語sumelと同源であろう。

この場合，アルタイ諸語に属するモンゴル仏典の仏教借用語彙の導入経路を考えればよい。村山（1982）は具体的な導入経路までは，言及していないが，古代ウイグル語の影響であることは示唆している。ここで，村山の説をさらに確かなものにするためには，実際に，どのモンゴル仏典にこの語彙が含まれているのか証明しなければならない。この点について，筆者は，次のようなことを述べておきたい。実際のモンゴル仏典では，このサンスクリット語起源の借用語のsümer，sümbür，といった語彙は，14世紀成立の仏典，例えば，『金剛般若経』などの文献に現れている。

なお，『金剛般若経』は，モンゴル語では次のように訳されている。

qutuɣ-tu	vajra-iyar	oɣtaluɣči	bilig-ün	cinadu kijaɣar-a
聖なる	金剛石によって	切断するもの，	智慧の	彼岸　　　　に

kürügsen	neretü	yeke	kölgen	sudur
到達した	という名の	大	乗	経

また，この例は，5.3.2で指摘したように，形態素分析からも，同源の可能性は否定できる。つまり，サンスクリット語sumeruを形態素分析すると，su「優れた，美しい」とmeru「伝説的な山」に分解できるが，日本語で形態素分析すれば，「スメル」はsume（甲類のe）とruに分けるのが妥当である。この点に関しては，すでに村山（1982）が言及しているが，サンスクリット語のeはaiに遡及できるのに対して，日本語のeは甲類であるから一致しないことになる。もし，乙類のëであるなら，例えば，taka＋iti＝takëti「高市」（たけち）などの変化がみられるように，サンスクリット語同様に，a＋i＝ëから形成されているはずである。また，岩波古語辞典にみられるモンゴル語のsumelであるが，モンゴル仏典の借用語彙の導入経路をみれば分かるように，語末のlとrの交替は類例が全く存在しない。したがって，語末のlはrに直す必要がある。

また，uはアルタイ諸語の言語特徴である母音調和から判断してüに訂正しなければならない。[43]

　以上の例から分かるように，アルタイ諸語の仏教借用語彙の導入経路や形態素分析から，同源の可能性を完全に否定することができる。本節では，ほんの一例を示したに過ぎないが，意味と形式に惑わされ，本源のように誤解する例も，借用語彙の導入経路が明らかになれば，借用語彙かどうか否かの判断はつくはずである。日本語系統論の問題を考えるには，まず借用関係にある語彙を全て排除した上で，議論を進めなければならないのである。[44] 藤岡が，この頃，どれほどの仏教用語を把握していたのか，現段階では確かには把握できていないが，正信協会の『法爾』に，当時の第一線の仏教学者と同等の水準の論文を投稿していたことから，仏教の教義に関して，相当の理解があったと推察できる。そして，このような仏典に散在する仏教用語を，どのように言語学の研究に利用していたのか，この点に関しては，更なる検討を要する。筆者自身は，仏教的色彩の濃い『蒙古源流』を精緻に翻訳していたことから，十分な知識を有していたと考えている。

　上述してきたように，近代「言語学」が成立する時代において，上田萬年は，日本語の系統を解明するために，新進気鋭の弟子たちに，様々な言語を学ばせようとした。そして，この頃，日本語と最も親縁関係の可能性があるとみなされた言語が「アルタイ諸語」であった。この言語を託されたのが，藤岡勝二であり，1905（明治38）年に，上田から東京帝国大学文科大学言語学科を継承されるのである。日本における近代「言語学」の第一の目的は，日本語の系統を解明することであり，この点を考慮すると，1908（明治41）年に，藤岡勝二が，日本語と当時の名称であったウラル・アルタイ語族との共通項を論じた「日本語の位置」は，頗る重要な意義をもつ論文といえるのである。

7章　近代「言語学」と藤岡勝二の言語観

7.1　藤岡勝二の言語理論と音声中心主義

7.1.1　1900年前後の藤岡勝二の年譜

　本節では，藤岡勝二の言語観を考察する前に，本書が射程範囲として捉えている1900年前後（正確には，藤岡勝二が「日本語の位置」を発表した1908（明治41）年頃まで）の彼の年譜をみていきたい。藤岡の生涯の詳しい年譜は，拙著（2013）を参考にして頂くことにして，上記の時代までの彼の年譜を具体的に記述していくことにする。藤岡は，1872（明治5）年8月12日に，京都市に生まれている。第三高等学校本科一部を卒業した後，1894（明治27）年に，東京帝国大学文科大学博言学科に入学する。卒業後は，東京に住み，終生，東京を拠点として学究生活を送っているが，当時としては，珍しく方言擁護の発言をしたのは，関西で生まれ育った彼の成育歴と決して無縁ではないであろう。その証拠に，先述した『ローマ字手引き』というローマ字教育の規範となるテキストには，関西方言に関する例文が掲げられている。言語学者としての藤岡は，方言は言語学の研究対象であり，記述言語学（descriptive linguistics）的方法論をもって，ア・プリオリ（a priori）な思想を排除する姿勢をとっている。

　その後，東京帝国大学大学院の入学許可を得ることになるのであるが，この頃の博言学科の大学院生が数名であったことを考えると，当時の博言学科（後の言語学科）の中でも卓抜した才に恵まれていたといえよう。

　1900年前後の藤岡勝二の主な経歴であるが，以下の如くである。1894（明

治27）年7月10日に，藤岡が，第三高等学校本科一部の内文科を卒業した後，
日本語系統論史上，最も著名な論文「日本語の位置」が発表された頃までの年
譜を中心にみていくことにしたい。

　なお，年譜の正確な年月日が判明した場合は，下記のように掲出することに
した。

1894（明治27）年7月11日	東京帝国大学文科大学博言学科に入学。
1895（明治28）年4月10日	『帝國文學』の編集委員に選ばれる。
1895（明治28）年7月10日	東京帝国大学特待生に選定される。
1896（明治29）年2月10日	『帝國文學』第2巻1，2，6，10号に「辭書編纂法幷日本辭書の沿革」が掲載される。
1896（明治29）年4月10日	『帝國文學』第2巻第4号に「言語學上文字の價値」が掲載される。pp.357-374
1896（明治29）年7月10日	東京帝国大学特待生に再び選定される。
1897（明治30）年7月10日	東京帝国大学文科大学博言学科卒業。
1897（明治30）年7月11日	同大学大学院入学を許可される。学術論文「日本語ノ性質及其發達」を提出する。
1897（明治30）年9月	真言東京中学教授の嘱託として勤務する。
1898（明治31）年2月	保科孝一，岡田正美とともに図書館嘱託の発令がでる。
1898（明治31）年2月12日	藤岡宅にて言語学会創立相談会が開催される。出席者（猪狩，金澤　以上文学士）（新村，岡野，渡邊，矢野，八杉，以上博言学科生）
1898（明治31）年3月21日	言語学会発起人会を開催。上田萬年，新村出，八杉貞利とともに，今後の言語学会の方針について話し合う。
1898（明治31）年4月	国語に関する事項取調の嘱託をする。
1899（明治32）年5月	高等師範学校国語科講師の嘱託として勤務す

る。

1900（明治33）年3月	羅馬字書方取調委員をする。
1900（明治33）年4月17日	言語学会大会が開催される。講演者は，梵語学者常盤井堯猷,言語学者小川尚義。この折，代表として，藤岡が本学会の報告及び開会の趣旨を述べる。
1900（明治33）年12月3日	教科書編纂ならびに検定に関する事務の嘱託をする。
1901（明治34）年9月30日	言語学を研究するために，3年3カ月間のドイツ留学を命じられる。
1901（明治34）年11月2日	上田萬年の後継者として，ドイツに留学する。
1905（明治38）年2月14日	ドイツより帰国する。帰国後,わずか14日で，東京帝国大学文科大学講師を嘱託として勤務する。
1905（明治38）年2月28日	東京帝国大学文科大学講師を嘱託として勤務する。
1905（明治38）年7月6日	東京帝国大学文科大学助教授に就任し，言語学講座の担任になる。
1905（明治38）年10月12日	国語調査委員会委員になる。
1905（明治38）年12月	ヘボン式を支持する派と日本式を支持する派が大同団結をして「ローマ字ひろめ会」を結成する。藤岡勝二は，その中心的役割を果す。
1906（明治39）年2月9日	「ローマ字ひろめ会」のために,講師として行ったローマ字講習会を終える。
1906（明治39）年4月	東洋大学教授に就任する（～昭和9年3月まで）。後に，東洋大学学長の候補となるも，実現には至らなかった。
1906（明治39）年6月	JEA（日本エスペラント協会）の創設に参加する。

1907（明治40）年1月8日	「ローマ字ひろめ会」第1回綴り方研究会が開かれる。
	委員として，藤岡勝二，高楠順次郎，田中舘愛橘，上田萬年等が参加。上田が委員となり，ローマ字の呼び方と綴り方について材料を集めることが決定し，材料の整理は，藤岡勝二が担当することになった。
1907（明治40）年9月12日	清国へ出張を命じられる。内モンゴルにおいてモンゴル語の調査をする。
1907（明治40）年12月11日	清国より帰国する。
1908（明治41）年5月	東京外国語学校講師に就任する。（〜昭和8年）当時，蒙古語学科の専任教員がいなかったため，東京外国語学校，後の東京外国語大学蒙古語学科（モンゴル語学科）の礎を築くことになる。

　この後，藤岡は，1910（明治43）年11月1日に，38歳で東京帝国大学教授に就任する。さらに，1912（明治45）年6月1日には，東京帝国大学総長の推薦に基づいて，学位令第2条によって，文学博士の学位を授与されるのである。1905（明治38）年に，東京帝国大学文科大学言語学科講師に着任して以降，後進の育成に尽力し，日本における言語学界を牽引した近代「言語学」の中心的人物であったといえよう。なお，年譜の記録に関しては，概ね，拙著（2013）及び『藤岡博士功績記念言語學論文集』を参照した。

　次に，ここで，彼の教え子として，指導をうけた重要な人物を挙げておくことにしたい。後に各研究分野において大家となる錚々たる碩学たちが，若き頃に，藤岡勝二の指導をうけていていたことになる。人名の後の括弧は主な専門領域を指し，補足する必要がある場合は，その後に記すことにした。

　神保格（1883-1965）（音声学，ローマ字化運動）

　藤岡の弟子の中で，ローマ字化運動の実質上の後継者といえる。実兄は，アイヌ語研究者で地質鉱物学者の神保小虎（1867-1924）。東京高等師範学校教授。

市川三喜（1886-1970）（英語学）

　日本の英語学のパイオニア的存在であるが，明治42（1909）年7月に，田中秀央，高畑彦次郎，前田太郎とともに，言語学科を卒業している。

浅井恵倫（1894-1969）（言語学・オーストロネシア諸語）

　東京帝国大学言語学科では唯一人，エスペラント語で卒業論文を提出したことで知られている。現代の言語学科では，まず受理されないはずであるが，当時の主査である藤岡勝二がエスペランティストであったため，卒業ができたと考えられる。後に，大阪外国語大学教授，南山大学を歴任する。

辻（旧姓福島）尚四郎（1899-1979）（サンスクリット学）

　藤岡の盟友高楠順次郎の後継者として，後に東京帝国大学梵語学・梵文学を担当する。

小林英夫（1903-1978）（言語学，文体論）

　ソシュールの『一般言語学講義』（創刊当初は，『言語學原論』）の訳者として知られている。京城帝国大学助教授を経て，東京工業大学教授。

服部四郎（1908-1995）（言語学，アルタイ学）

　東京帝国大学の副手として，藤岡のアルタイ学の後継者となる。後に東京大学教授。文化勲章受章者。

有坂秀世（1908-1952）（言語学，音韻論，音韻史の研究）

　大正大学専任講師。橋本進吉の後継者として名を挙げられたこともあり，研究業績は高く評価されている。しかしながら，大病を患ったために，研究活動自体は実質上，10年余りであったといわれている。その間，膨大な研究業績を残しており，彼の言語理論は，今日至るまで，数多の後学の徒に影響を及ぼしている。

上記の研究者の他にも，様々な研究者が，藤岡勝二の指導を受けているが，

ここでは割愛したい。拙著（2013）でも取り上げたが，藤岡の講義をうけた著名人として，直弟子荻原藤吉（1884-1976），後の俳人荻原井泉水が知られている。また，小説家芥川龍之介（1892-1927）も藤岡の「言語学概論」の講義をうけており，『あの頃の自分の事』の中で，マックス・ミュラーの名をあげながら，当時の藤岡の印象を回想している。藤岡の講義を「朗々たる音吐とグロテクスな諧謔」というインパクトのある表現を用いているが，芥川が，何らかの思想的影響をうけた痕跡は全くみられない。

7.1.2　藤岡勝二の音声学の理論について─文字との関係性

　藤岡勝二が，言語学，とりわけ音声学に関心をもったのはいつ頃であろうか。年譜を見る限りでは，1894（明治27）年に，『帝國文学』に辞書に関する精緻な論文が掲載されていることから，この頃にすでに，一定の音声学─当時は「声音学」という名称が一般的であった─に関する知識を有していたと考えられる。また，本格的に「国語」という概念の形成に関わっていくのが，1898（明治31）年に，国語に関する事項取調の嘱託を命じられた頃と推定できる。藤岡勝二の文字の関心は，あくまで日本語の音声に対して最適な文字とは何かという問題であり，彼の言語思想の淵源は，音声中心主義の言語思想にあった。

　1905（明治38）年に，「ローマ字ひろめ会」が結成され，その後，ヘボン式と日本式の表記法に思想上の違いが生じたのは，藤岡が音声学（phonetics）を重視し，物理学者の田中館が考案した日本式ローマ字表記法が，音韻論（phonology）の観点から音声を捉え，体系を重視したからである。現在では，音声学という分野は，言語学の中でも最も重要な研究分野に属し，一般的に，調音音声学（articulatory phonetics），音響音声学（acoustic phonetics）聴覚音声学（auditory phonetics）に分類され，精緻な研究が進められている。とりわけ，当時の調音音声学は，現在の言語学の観点からみても，頗る正確な記述がされている。この理由として，1900年以前に，日清戦争において勝利した当時の日本帝国が，急速な近代化を推し進めた結果，多くの留学生が清国から来日し，国語学や言語学を専攻していた教員たちが，日本語教師として動員されたことが一因となったと考えられる。言語学の基礎的知識を有していた日本語教師たちは，日本語とは異なる音韻構造をもつ中国語にふれることによっ

て，日本語と中国語の調音点や調音法を，日本語教育の実践を通して学びとったことであろう。この中には，後に，橋本文法，時枝文法，山田文法とともに，日本語の口語文法の碩学とみなされる松下大三郎がいた。彼の口語中心の文法理論は，清国留学生のための日本語学校，宏文学院における日本語教育の経験を積んだおかげで，優れた文法理論を確立できたといえる。また，本書で扱う藤岡勝二と後に京都帝国大学教授に招かれる若き新村出が，ともに，1900年前後の日本語教育に携わっていたことは，きわめて興味深い事実といえよう。[45]このような事実から，「言語学」という学問分野が，決して机上の理論ではなく，実践を通して生まれた日本語教育と深いつながりがある証左になると考えられるのである。

　当時，藤岡がどのような日本語の教科書を用いていたのか，現時点ではまだ明らかにできていない。しかし，当時の清国留学生のために作成された『東語完璧』（上海：作新社）を読むと，調音音声学的観点から作成された優れた教科書がすでに存在していたことを想起させる。この頃の教科書には，およそ百年前とは思えないほど，日本語の有声音，無声音と中国語の有気音，無気音を見事なコントラストで対応させたテキストもみられるのである。まさに，現代日本語教育学の専門用語に該当する「干渉（intrreference）」という現象に，すでに気づいていたような教授法も窺えるのである。

　また，藤岡がどれほど，音声を重視し，当時の文献中心主義の桎梏から脱しようとしていたかは，『言語學雑誌』の次の言説から窺知できる。なお，傍点は，藤岡自身が施したものである。下記の文の「言葉」とは音声のことを指し，文字と対比をしながら，音声重視の理論を展開している。[46]

　　言語學などがおひたち研究せられる様になつて來た今日で見れば，この學科が教へる様に言葉は先である文字は末であるといふ様なことは誰でも知つて居るべきことであるばかりでなく，……

　これまで，拙書（2013）において，藤岡勝二の言語思想について考察してき

たが，これほど広範囲な学問領域を射程として，精緻な研究をしている学者も
きわめて珍しいのではないだろうか。先述したように，藤岡の主要な研究テー
マは，日本語系統論，アルタイ学，国語国字問題，辞書学等実に多岐にわたっ
ている。しかし，どの分野も，音声と深く関わる学問分野であることに変わり
はない。藤岡の国語国字問題における理論と実践をともなった活動も，その根
底に音声学の基礎理論が充分に確立していたからだと考えられる。

7.1.3　日本語教育と藤岡勝二について―音の重要性の認識

　藤岡勝二が，若き頃，日本語教育に携わっていたことが，後の言語理論を形
成する契機になったという点については，今後，さらに綿密に考察しなければ
ならない重要事項であろう。筆者は，2002年度の国語学会（現日本語学会）
の夏季大会において，「藤岡勝二の言語観―系統論と国語国字問題について―」
という論題で研究発表をしたことがある。この際に，多くの言語学者が日本語
教育という実践の積み重ねを通して，言語学の理論を形成していったプロセス
を考察した。当時は，詳しい事情を知ることができなかったが，藤岡の履歴を
丹念に辿っていくと，日本語教育と言語学の接点を見いだすことができる。

　7.1.1の1900年前後の藤岡勝二の年譜で掲げたように，藤岡は，1899（明治
32）年5月に高等師範学校国語科講師の嘱託として勤務している。筆者は，
拙著（2013）でも述べたように，『言語學雑誌』の雑報欄を丹念に考察するこ
とによって，彼が，高等大同学校という日本語学校において，日本語教育に携
わっていた事実を知ることができた。当時，東京帝国大学の博言学科を卒業し
て，大学院においてアルタイ学の研究を始めたばかりの頃に，なぜ藤岡が，清
国留学生に日本語を教えるようになったのか。確かに，まだ20代前半の博言
学科在学中，『帝國文學』に自らの論文を寄稿し，言語学界においても，その
才を認められはじめていたのは事実である。長らく，この藤岡と日本語教育と
の接点が分からなかったが，藤岡が嘱託として勤務した当時の高等師範学校の
校長が嘉納治五郎であることを知り，その契機となった理由が分かった。嘉納
は，1893（明治26）年に32歳の若さで高等師範学校校長に就任している。そ
して，嘉納と同時期に，当時の清国留学生の日本語教育に尽力した人物が，犬
養毅（1855-1932）であった。この頃，犬養毅という政治家と嘉納治五郎とい

う教育者が，同時代に，清国留学生の教育に多大なる貢献をしていたという点
は注目しなければならない。筆者は，このような実情を通時的に概観するたび
に，言語という存在がいかに政治的な側面と関わりを有しているのか，改めて
感じざるを得なかった。かつて，東京大学教授として，戦後の言語学をリード
した服部四郎が，フィールドワークを重視して，眼前にある音だけを頼りに，
一切のア・プリオリを排した方法論を用いたのも，言語学という学問に「政治」
という異分子が入り込むのを嫌ったからである。服部の言語観は，言語学の対
象をあくまで純粋言語とみなし，「社会的事実」とは切り離して考えていたか
らであろう。筆者は，数多の言語学者たちが，若い頃に日本語教育の経験をし
ている事例をみたが，実は服部自身も，タタール語というチュルク語に属する
言語が話される地域で，日本語教育の経験を積み重ねていたのである。ここで，
服部はフィールドワークを用いる今日の言語人類学の方法論の重要性と，現在
の日本語の文字体系が，日本語を普及することの障碍になっていることに気づ
いていた。比較言語学一辺倒の時代において，言語学者フーゴ・シューハルト
のような「混交言語」を唱えた異端な学者もいたが，比較言語学を文献学の軛
から解き放った青年文法学派でさえも，音の重要性を認めていたが，言語の中
の政治的要素を認めようとしなかった。藤岡の音声重視の研究は，彼の直弟子
であり，当時の東京帝国大学副手服部四郎に確実に引き継がれていったが，国
語国字問題をはじめとする政治が介入する言語政策の研究については，継承さ
れることはなかった。ローマ字化運動の理論と実践は，むしろ神保格がその理
論に共鳴し，ヘボン式を支持する「ローマ字ひろめ会」の運動にも，藤岡と実
践を共に行っているのである。

　なお，現在の日本語教育学界であるが，確かに理論研究や実践研究は進んで
きた観があるが，日本語教育に関わる史的研究は停滞しているように感じられ
る。

　このような時代だからこそ，ローマ字化の理論と実践を推し進めた藤岡勝二
の社会的活動を今一度見直す必要があるのではないだろうか。日本語教育の積
み重ねによって，藤岡は，自らの言語理論を確立し，理想的な文字をローマ字
と考え，ローマ字国語国字運動に積極的な活動を行っていくのであった。これ
まで，筆者は，著名な言語学者の足跡を辿ってきたが，若き頃，日本語教育に

携わってきた研究者がきわめて多いことに気づいた。三上章（1903-1971）や寺村秀夫（1928-1990）の文法論も，日本語教育の現場の中で培われてきた理論なのである。藤岡勝二や新村出といった碩学が，日本語教育からうけた影響については，今後も更なる詳らかな研究が必要になるであろう。ただ，彼らが，外国人留学生に，漢字，ひらがな，カタカナ，ローマ字という多様な文字を有した日本語を教える際に，障碍となるのは文字であることに気づき，日本語教育の経験を通して，言葉の本質は，あくまで音であることを再認識したことだけは想像に難くないのである。

　なお，本項と5.3.3は，拙稿（2008）を参考にしたことを付記しておきたい。

7.2　国語国字問題（ローマ字化運動の理論と実践）について　―理想的な文字とは何か―

　第2章でも述べたように，近代「言語学」の成立は，近代「国語」の成立と決して無縁ではない。7.1.1で，「1900年前後の藤岡勝二の年譜」を掲出したように，近代「国語」の成立に最も尽力した人物として，筆者は，藤岡勝二を挙げ，彼を中心として，岡田正美や保科孝一が，1898（明治31）年4月から，実質上，国語に関する事項取調の嘱託をしていることを既述した。すなわち，彼ら三名に，今後の国語の指針に関する研究が託されていたことになるのである。1898年（明治31）年に，上田萬年を中心に「言語学会」が創設されるが，この三名はいずれも，本学会の機関誌『言語學雑誌』に，自らの論文を寄稿している。一方，近代「言語学」の創立に寄与した代表的人物が，藤岡勝二をはじめとする新村出，八杉貞利とすれば，当時の八杉の日記から，言語学会の設立に向けて，彼らがいかに大変な尽力をして，学会創設のために奔走をしていたかを読み取ることができる。1898（明治31）年2月12日には，藤岡勝二の邸宅において，言語学会創立の重要な相談会が開催され，その出席者として，すでに博言学科を卒業していた猪狩幸之助，金澤庄三郎，また，博言学科の学生でありながら，後の言語学界において重要な役割を果す新村出，岡野久胤，渡邊良，矢野文雄，八杉貞利の5名が一堂に会した。こうした当時の状況に鑑みると，藤岡勝二が，近代「言語学」の実質上の中心的役割を担い，上田萬年は，この頃，政府の重要な役職である文部省専門学務局長も務めており，多忙

をきわめていたことが窺える。色々な状況や事項を整理すると，やはり，上田は，近代「言語学」の精神的支柱であったとみなすことができるのではないかと筆者は考えている。

　先述したように，近代「国語」と近代「言語学」の成立は不離な関係にあり，近代「国語」にとって最も重要な機関である国語調査委員会の第一の方針が，「文字ハ音韻文字（フォノグラム）ヲ採用スルコト、シ仮名羅馬字等ノ得失ヲ調査スルコト」であったことを想起すれば分かるように，近代「言語学」の成立を考える上で，漢字廃止は前提のものであり，仮名文字かローマ字を国字として決定することが喫緊の課題であった。

　上記の点から，ここでは，ローマ字国語国字問題の理論と実践を強く推進した藤岡勝二の足跡を辿りながら，この時代，日本語の音声にとって理想的な文字とは何か，いかなる人物がどのような思想を有していたのか，考察しておきたい。

　なお，ローマ字化運動にともなう様々な議論，そして言語理論や実践運動に関わる経緯については，拙著（2013）で詳述しておいたので，詳細については，上掲書に譲ることにしたい。

7.2.1　「ローマ字ひろめ会」結成までの経緯

　現在でも，ローマ字化運動は命脈を保ってはいるが，1905（明治38）年に，ローマ字論者が大同団結した頃と比べると，会員数，雑誌の規模等，様々な面で，隔世の感があると言わざるを得ない。

　国語国字問題におけるローマ字論は，1869（明治2）年に南部義籌（1840-1917）が大学頭山内容堂（1827-1872）に「修國語論」を建白したのを嚆矢とする。当時は，かな文字論とローマ字論を支持する研究者が，この是非を巡って議論を戦わせていた。ただし，当時の文献を紐解けば気づくが，どちらの側も，言語上の文字の問題に関心があったのではなく，どの文字を用いれば欧米列強と肩をならべることができるのかという言語政策的観点に問題の主眼が置かれていたのである。勿論，両方の会の共通認識は，漢字を廃止するということが前提になっていたのである。このような中，「かなのとも」，「いろはくわい」，「いろはぶんくわい」が統一され，「かなのくわい」が，1883（明治16）年に

結成される。そして，この 2 年後に，「羅馬字会」が創始されるのである。正確な会員数は，未だ明らかにできていないが，一説には，「かなのくわい」，「羅馬字会」のいずれの会も，1 万人を超える会員数を擁していたといわれている。近代国家を目指す日本にとって，伝統的な文字を堅持する「かな文字論」よりも，欧米列強にも対抗でき，音素文字を支持する「ローマ字論」のほうが時宜にかなっていたといえよう。かな文字論者の中には，国語学の泰斗大槻文彦（1847-1928），物集高見（1847-1928），前島密（1835-1919）等の各分野の重鎮が揃っていたにもかかわらず，かな文字を支持する運動はやがて衰退していき，ローマ字論者がますます増える傾向にあった。筆者は，この折に重要な役割を果した人物として，両会に属していた外山正一（1848-1900）を挙げたいと考えている。当初は，両方の会に属していたが，時代の趨勢を顧みながら，外山は次第にローマ字論の必要性を感じはじめるようになる。外山は，哲学，教育学，社会学が専門であったが，文学にも精通しており，矢田部良吉（1851-1899）や井上哲次郎と『新体詩抄』という作品も刊行している。後に，東京帝国大学総長，文部大臣も務めた学者が，率先してローマ字論を支持するなど，現在では想像すらできないが，当時は欧米列強に対抗する文字として，ローマ字が最も適していると考えたのである。おそらく，その思想の淵源は，若き頃，イギリス留学を経験することによって，近代化する国家の実態を直に見聞し，日本が近代国家への仲間入りを果すためには，文字改革がぜひとも必要であると痛感したからであろう。

　かつて，初代文部大臣森有礼が，日本語を廃止し，簡略英語に変えることを唱えたことがあったが，この意見に反駁したのが，伝統的な文字を堅持しようとする国学者ではなく，外国人学者のウィリアム・ドワイト・ホイットニーであった。言語を構成する音韻，語彙，文法自体を変化させることが無理となれば，文字改革しか選択肢がない。日本語の文字の中で，音素文字として機能するローマ字は，視覚的には，欧米列強が使用する文字と酷似した印象を与える。当初は，そのような単純な理由でローマ字を支持する人が数多いたのかもしれない。いずれにせよ，文字がイデオロギーの紐帯となることを知る上で，当時の文字論は，好個の研究対象になるといえよう。

　なお，外山が当時，ローマ字国字論に対して，どの程度積極的な活動をして

いたかは，彼が逝去した年に創刊された『言語學雑誌』の雑報欄の記事をみれ
ば知ることができる。本文は，『言語學雑誌』の「外山博士の訃報」と題した
記事であるが，外山の業績や人柄を知るには充分な内容が記されている。

　　　……羅馬字の熱心な主張者であり又あったこと，新體詩の勃興に興つて
　力あつたこと，一種の朗讀體，口語體を創り又弘められたことなどは，殊
　に吾々の記憶に存してをる所で，かの朗々たる聲はまだ吾々にきこえ，そ
　の威嚴ある風采はなお吾々の目に殘つてきえないようだ。

　漢字廃止論，ローマ字論の言語思想は，彼の逝去で停滞するかにみえたが，
上述したように，1905（明治38）年に，「ローマ字ひろめ会」が結成され，そ
の言語思想が受け継がれていくことになるのである。

7.2.2　「ローマ字ひろめ会」結成以降の藤岡勝二の国語国字運動について

　「ローマ字ひろめ会」は，かな文字論者を完全に一掃したかにみえたが，次
はローマ字論者の間で意見の相違が表面化するようになる。ヘボン式ローマ字
表記法にこだわる藤岡勝二と自ら日本式ローマ字表記法を創案した物理学者田
中舘愛橘の間で，思想上の違いが生じたのである。藤岡勝二は，音声を重視す
る考えを譲ることはなく，物理学者田中舘の理論とは，最後まで相容れること
はなかった。「ローマ字ひろめ会」は，西園寺公望を会頭として，評議委員と
して，藤岡勝二，上田萬年，藤岡が学問的に大変敬慕していた教育学者で，後
の京都大学総長澤柳政太郎が属していた。一方，日本式ローマ字表記法を主張
した学者には，田中舘愛橘とその直弟子田丸卓郎（1872-1932）が名を列ねて
いた。
　しかしながら，拙著（2013）でも述べたように，歴史学者岩井忠熊（2003）
の『西園寺公望』には，元老西園寺侯爵が本会の会頭であったこと，否，会に
参加したことでさえ一切ふれられていない。ローマ字化運動に参加したこと自
体に，負のイメージがあったのか，実質上，西園寺がローマ字化運動に積極的

に参加していなかったと捉えたのであろうか，この点については判然としない。「ローマ字ひろめ会」の存在を知っていれば，当然，会頭西園寺の名が掲出されそうなものであるが，現代の歴史的観点からみれば，言語と政治の問題，とりわけ国語国字問題は些か瑣末的な問題であると感じられたのかもしれない。詳細な西園寺の足跡を知るためには，大変役に立つ本であるが故に，この点に関しては疑問を呈さざるを得ない。現在，こうした言語と政治との問題に真摯に取り組んでいるのが，日本言語政策学会といえるのかもしれない。是非はともかく，現代の言語学界においても，言語と政治を切り離し，記述言語学，認知言語学，時には，社会言語学さえも政治的な問題を排除した研究がみられる。私事で恐縮な話になるが，筆者は，2004（平成16）年の日本言語政策学会秋季大会において，「藤岡勝二の言語思想とローマ字化運動」という題目で研究発表をしたことがある。この学会は，当初，社会言語学者田中克彦と鈴木孝夫が中心になって結成された学会であり，当日も両名，参加しておられたことを覚えている。今から振り返っても，筆者の研究発表は，誠に不出来な内容であったが，一橋大学大学院博士後期課程の指導教官であった田中克彦先生が，席上，いつもながらの熱弁をふるいながら，ローマ字論に対する見方の甘さと藤岡の更なる研究を進めることを助言してくださったことがあった。拙著（2013）や本書が，その問いに対する答えを出しているか否かは，心許ない限りであるが，少なくとも研究の方向性は見定めることができたのではないかと考えている。藤岡勝二は，終生，ヘボン式ローマ字化運動の理論と実践に尽力するのであるが，その思想の中核には，常に音声学の理論があり，音声を最も忠実に表す優れた文字として，ローマ字，特にヘボン式を選んだのであった。

　上述してきたように，『言語學雑誌』に巻頭言を寄せた井上哲次郎，上田萬年の言説の影響をうけ，かな文字論，新国字論を検討しながら，藤岡は，最終的にローマ字論を支持し，「ローマ字ひろめ会」を結成していく。このようなプロセスをみていくと，藤岡の言語思想が，当時の政治的背景と無縁であったとは考えにくいのである。上田萬年が『國語のため』に寄せた，有名なことばである「國語は帝室の藩屏なり。國語は國民の慈母なり」という言説は，言語と政治の関係を象徴的に表しているといえよう。

　本節で，筆者が特筆したいことは，言語というものは，社会で用いられてい

る限り，政治との関係性を無視して考えることはできないということである。
例えば，ローマ字化運動は，当時，様々な言語学徒や各分野の泰斗まで傾倒し
たエスペラト運動とも不可分なものなのである。藤岡勝二の言語観の本質を捉
えるためには，当時の社会的背景も考慮しなければならない。本書は，専門的
な内容ではあるが，できる限り多くの人に読んでもらいたいと筆者は願ってい
る。しかしながら，当時の旧字体をできる限り改変してはいない。この理由は，
文字を，現代からの視覚的要素をもって読むのではなく，当時の社会的背景を
想起しながら，読んでもらいたいと願っているからである。勿論，読者の側か
らすれば，頗る労力のいる作業を強いているわけであるが，原文を変えずに，
できる限り旧字体を使用するのは，かかる理由があるからである。

7.2.3　現代のローマ字化運動について―連綿と断続のローマ字化運動

　本書は，1908（明治41）年以前の話が主になると述べてきたが，国語国字
運動（ローマ字化運動の理論と実践）を真に理解するためには，ローマ字化運
動の潮流と現代に至るまで連綿と続く重要事項を列記する必要があるため，本
項では，後の時代の事項も掲げることになることを，ここで断っておきたい。

　なお，藤岡が日本語を表記するためには，ローマ字が最も適した文字であり，
この文字を使用すれば，日本語が如何に簡便になるかという点を述べた言説が
みられるので，下記に掲げておきたい。[47]

　　　……ローマ字は，我國語をあらはすとして僅か二十二字しかいらない。
　　二十六字が英吉利の通用字であるけれども，其中L，Q，V，Xの四字は我
　　國語音を示すのにいらないから，二十二字である。

　1905（明治41）年以降のローマ字化運動であるが，1912（明治45）年7月
5日に「ローマ字ひろめ会」が，神田青年会館において，国語国字問題大演説
会を開く。大同団結した後，記念碑的な「ローマ字ひろめ会」の会議となった
が，ローマ字化運動を推進する上で，思想上の相違により，すぐに危機的な状

況に陥っている。この折に，藤岡勝二は，ドイツ語学者で慶応大学教授向軍治
(1865-1943)，児童文学作家巖谷小波（1870-1933）とともに，ローマ字採用
論を強硬に主張した。一方，田中舘愛橘は，自ら考案した日本式ローマ字表記
法を支持して，両者の対立は，ますます激化することになる。その結果，日本
式を支持する田中舘が脱会し，後に独自の「日本ローマ字会」を結成すること
になるのである。

　1905（明治38）年における藤岡勝二の立場は，これ以降とは，全く異なっ
ていることに注視すべきであろう。藤岡は，1910（明治43）年に，東京帝国
大学文科大学教授に就任し，1912（明治45）年には，文学博士の学位を授与
されている。1900（明治33）年以前に，物理学者田中舘は，すでに東京帝国
大学教授に就任しており，博士の学位も取得していた。体系性を重視するロー
マ字を考案した田中舘であったが，藤岡が，博士号を有し，東京帝国大学教授
として，当時の言語学を牽引する立場になった時点で，音声重視の専門的観点
からヘボン式ローマ字の有用性を説く藤岡の言語理論に，田中舘は，抗しがた
い面があったのかもしれない。

　既述したように，日本式ローマ字表記法の支持派の動向であるが，田中舘を
中心とする日本式ローマ字表記法を支持する委員は脱会し，新しい会を組織す
ることになる。本書は，1908（明治41）年までの藤岡を中心とした近代「言
語学」の成立事情を明らかにすることを主眼としているが，説明の都合上，こ
れ以降の日本式ローマ字表記法を支持する派の潮流もみていくことにしたい。
日本式ローマ字表記法の支持派の本格的な活動は，1921（大正10）年の「日
本ローマ字会」であり，現在でも活動は行われている。この辺りの事情につい
ては，田丸卓郎（1980）の『ローマ字国字論』や平井昌夫（1949）の『國語國
字問題の歴史』等で詳述されているので，各事項については，上掲した文献に
譲ることにする。

　現在のローマ字化運動に関する世論の関心は，ほとんどないといってよいで
あろう。京都の東山に，「日本ローマ字会」の流れを継承している会が存在し
ているが，往時のような活動はみられない。現代の言語教育では，主として訓
令式ローマ字教育が行われ，駅名表示等では，ヘボン式ローマ字表記法が用い
られている。国家による法的規制は，現時点ではみられないが，駅名には，比

較的実際の音声に近いヘボン式ローマ字が採用されている。

　現在では，今からおそよ百年余前に，一万人以上が，かな文字論，ローマ字論について侃々諤々と議論をした様相は全くみられない。市民の文字に対する関心は，一部の好事家のものになりつつある。また，ローマ字化運動を推進する人の中には，エスペラント運動と共通の認識を有する人もいる。藤岡勝二もローマ字化運動の理論と実践に傾倒しているときに，エスペラント会の創設に参加している。[48]エスペラントは，確かにヨーロッパの諸言語の文法カテゴリーである性（gender）・数（number）・格（case）等の難しい変化を，できる限り簡易化している。語彙については，創出者ルドヴィゴ・ザメンホフ（1859-1917）がヨーロッパの多言語に通じたポーランド人であった影響であろうか，一見すれば分かるように，紛れもなく欧米中心主義の言語であった。

　また，日本式ローマ字を継承した社団法人日本ローマ字会の歴代会長には，文化人類学の泰斗梅棹忠夫（1920-2010），「位相」という概念を導入した菊澤季生（1900-1985）等，錚々たる学者たちが名を列ねている。東京大学教授柴田武（1918-2007）も積極的にローマ化運動に尽力した言語学者であった。柴田は，言語研究者の間では，方言研究の第一人者とみなされているが，日本式ローマ字の普及に対しても大変熱心な学者であった。ただし，現在では，ローマ字化運動に関心を抱く研究者はいるが，実践的な活動をしている学者はほとんどいなくなったといってよいであろう。

　本節において，筆者は，国語国字問題（ローマ字化運動の理論と実践）の課題について考察しながら，藤岡勝二が日本語にとって理想的な文字とは何かという頗る重要な問題を，近代「言語学」の黎明期において，追究してきたことについて言及した。次節では，ローマ字論とは別の観点から，藤岡の言語思想の根底に常に内在した音声中心主義を窺うことができる「棒引き仮名遣い」についてふれておくことにしたい。ただし，「棒引き仮名遣い」に関する論考は，拙著（2013）においても，政治的側面も含めて詳述していることから，詳細な事項は上掲書を参考にして頂くことにして，次節では，ごく簡単に，藤岡の1900（明治33）年前後の「棒引き仮名遣い」の使用状況について述べておくことにしたい。

7.3 「棒引き仮名遣い」の変遷

7.3.1 「棒引き仮名遣い」に対する政府の基本方針

　本節で取り上げる「棒引き仮名遣い」とは，1900（明治33）年，小学校令の施行規則が改正され，これまでの「読書」，「作文」，「習字」という教科目が，「国語」という科目に統一されたときに決定された重要な事項である。また，この折に，規範的に教育漢字表が1,200字に定められている。なお，「棒引き仮名遣い」という名称であるが，『新版　日本語学辞典』（1994）では，次のように説明されている。[49]

　　　　明治33年小学校令施行規則により定められた表音式の字音仮名遣。明治38年，国語調査委員会は，これを改正した改定案を出したが，反対が強く，明治41年に，棒引仮名遣は廃止された。

　ここで，特筆すべきことは，1905（明治38）年に「棒引き仮名遣い」が改正されたにもかかわらず，結果的に廃止されたという事実である。1.1でも掲げたように，1902（明治35）年に，国語調査委員会が4件の今後の国語の基本方針を明示した。この方針から，当時の政府は，規範的な文字とは音韻文字でなければならないと考えていたことを窺うことができる。つまり，漢字廃止はすでに自明の理となっており，漢字以外の文字，すなわち，かな文字とローマ字と比べ，どちらが適切な文字なのかを調査することが決定方針となっていたのである。

　さらに，1.1で掲げた事項は，国語調査委員会が決定した4件の今後調査すべき事業以外に，普通教育において，早急に調査すべき事項を，さらに6項目に分類して挙げている。この6項目のうち，5番目の「字音仮名遣ニ就キテ」という事項は，まさに「棒引き仮名遣い」のことを指しているのである。当時

の国語調査委員会は4件の基本方針を掲げ、その次に6項目の方針を追加して
いったのであった。ちなみに、この国語調査委員会の構成員であるが、会長が
加藤弘之、主事が上田萬年ほか十数名、補助委員として若き新村出と保科孝一
が、この仕事を託されていた。

　なお、この頃、国語調査会（官制の国語調査委員会の前身）が、小学校令の
「棒引き仮名遣い」の決定に際して、最も影響力があったと考えられるが、国
語調査会の結成以前に、文部省嘱託として仮名遣いに関する調査を実施してい
たのが、藤岡勝二、岡田正美、保科孝一の三名の研究者たちであった。藤岡は、
7.1.1でも既述したが、1898（明治31）年4月より、国語に関する事項取調の
嘱託として、理想的な文字の研究に取り組んでいた。後に、岡田正美は国語調
査委員会の補助委員、東京外国語学校教授を務める。保科は、国語国字問題に
生涯にわたって取り組み、師の上田萬年とともに、「国語」の理念の確立に尽
力した。「仮名遣い」をはじめとする国語国字問題に関しては、東京帝国大学
助教授を去り、東京文理科大学教授に就任した後も、多大なる業績を残してい
る。そして、藤岡自身も、この頃、日本語の音声に対して最も適切な文字は何
かという問題に直面していたのである。

　これまで、この「棒引き仮名遣い」に関しては、国語国字問題に関する著書
では取り上げられてきたが、本格的な「棒引き仮名遣い」に関わる論文はみら
れなかった。筆者は、2006（平成18）年の全国大学国語国文学会夏季大会に
おいて、この「棒引き仮名遣い」が消失した原因について研究発表をした後、
拙稿（2007）「なぜ『棒引仮名遣い』は消失したのか―藤岡勝二の言語思想の
変遷を辿りながら―」という題目の論文を学会誌に寄稿した。他分野の研究者
からは、後の東京帝国大学文科大学言語学科の教授となるべき人物が、そのよ
うな長音符号「ー」を、専門的な学術雑誌に本当に使っていたのか、疑問を抱
かれたことも度々あった。

　また、藤岡の後年の積極的な国語国字問題に対する活動をみれば分かるが、
彼は、理論には必ず実践がともなう必要があるという言語観を有していた。専
門の言語学の雑誌に「棒引き仮名遣い」を使用したのも、このような事情があっ
たからであろう。ただし、1900（明治33）年頃の、藤岡の理想的な文字に対
する考えには迷いがみられたのも事実である。「棒引き仮名遣い」は確かに、

日本語の1モーラ（mora）に対応する長音符号かもしれないが，この「記号」を専門雑誌に用いるとすれば，「かな文字」を構成する一つの「文字」として機能することを認めなければならなくなる。このようなジレンマが，結果的に，音節文字に属するかな文字論者と思想上の共通項を見いだすことができなかった原因となったのかもしれない。

　上述してきたように，藤岡が，あくまで音声に忠実な文字に固執するとなると，音素文字しか選択肢がないことになる。日本語の音韻構造は，基本的には，V，CV，C_1VC_2（$C_2 = /N/$）で構成されている。このうち，撥音は中国から借用された音であり，本来の日本語には存在しなかった。この音韻構造を基調として，五十音図も構成されている。勿論，五十音図は悉曇学の影響をうけたものであり，元々の日本語の構造に合わせたものではない。また，日本語の母音の前後には，声門閉鎖音（glottal stop）があると考えている研究者もいるが，たとえ，前項，後項要素に，そのような音声があったとしても，基本的には日本語が開音節構造であることには違いはない。「棒引き仮名遣い」はオ列長音化を「ー」という長音符号で表し，日本語を母語にしているものにとって気づかないモーラを正確に表記している。この仮名遣いを使うと，実際の音声表記に近くになるのも事実である。例えば，「経営」という用語も，実際には，[ke:e:]と発音しながら，読みは，「けいえい」と書いているはずである。さらに，正確にいえば，日本語の「え」はIPA「国際音声字母」の音声表記を使うと，[e]ではなく，[ε]のほうがより精密な音価を表すことになる。アンドレ・マルティネ（1955）は，著書の中で「音声変化の経済性」について論じているが，この観点からみると，上記の音声変化は，「調音労働の経済性」とみなすことができるであろう。

　いずれにせよ，1900（明治33）年前後の頃の藤岡は，「棒引き仮名遣い」を言語学の専門雑誌に掲載しながらも，「歴史的仮名遣い」と「棒引き仮名遣い」を併記していることから考えて，この時期は，真の理想的な文字とは何かという問題に対して依然として迷いが生じていたと思われるのである。

　なお，「棒引き仮名化遣い」については，拙著（2013）において，言語政策学的観点から，藤岡勝二の果した重要な役割について論じたことがある。とりわけ，『明治三十八年二月假名遣改定案ニ對スル世論調査報告』において，当

時の研究者の「棒引き仮名遣い」に対する考え方を調査して，報告することが，藤岡を中心に進められた。このような調査報告を通して，藤岡は徐々に専門学術雑誌において「棒引き仮名遣い」を用いることの難しさを感じるようになったのであろう。これ以降，藤岡は，音声重視の観点から表音主義を重視しながらも，「棒引き仮名遣い」を一切使用することはなかった。

7.3.2 「棒引き仮名遣い」の問題点

では，この「棒引き仮名遣い」を規範的な文字表記として用いると，どのような問題が生じるのであろうか。小学校令の施行規則が決議された後，実際の国語教育の現場において，「棒引き仮名遣い」を国定教科書に採用した直後，その問題点が指摘された。

当初，「棒引き仮名遣い」は，字音仮名遣いだけに適用されていたために，国定教科書において，「天長節」という文字がカタカナで「テンチョーセツ」と記され，「今日」という文字が，歴史的仮名遣いの「ケフ」で表記され，明らかに両者の違いがみられるようになったのである。[50]しかしながら，和語と漢語の違いさえ理解できていない小学生が，このような区別ができるはずもなく，実際の教育現場においては，すぐに混乱が生じた。国語調査委員会も，このような事態を憂慮して，「棒引き仮名遣い」を表音式仮名遣いに変更する改定案を提出した。この案でいけば，長音化した母音全てに，「棒引き仮名遣い」が適用できるために，自らの発音でその区別が判断できる。

藤岡自身も，1900（明治33）年に創刊された『言語學雑誌』をはじめ，他の学術雑誌にも，「棒引き仮名遣い」を用いている。筆者は，これまで自らの拙著や拙稿において，下記のように，藤岡が実際に『言語學雑誌』の論文で使用した「棒引き仮名遣い」の言説の例文を掲げてきた。[51]

　　独逸國のシャロンテンブルグに居るゲルストベルガーといふ人がこの七月三十一日の日付を以て目下ベルリンに居る法學士粟津清亮君の手を經て帝國教育會長辻新次氏の許に届けた日本新國字をここに紹介し併せて批評を加へて見よーと思ふ。

　当時の小学校の国定教科書が刊行される以前に，すでにこのような仮名遣い
が学術専門雑誌で用いられていた事実は特筆すべきことといえよう。この頃は，
まさに「博言学」から「言語学」へと移行する時期であり，この5年後の
1905（明治38）年には，東京帝国大学の言語学講座を担当することになる藤
岡勝二が，この時期に「棒引き仮名遣い」を使っていた事実には驚かざるを得
ない。この論文は，「ゲルストベルガー氏日本新國字」という題目であり，藤
岡は，ドイツ人のオスカル・ゲルストベルガーが，日本の伝統的なかな文字を
保持して，「新国字論」を創出しようとした試みを高く評価している。1900（明
治33）年以前の藤岡は，理想的な文字として，まず「棒引き仮名遣い」を用
いたかな文字論，新国字論，そして，ローマ字論の全ての可能性を模索してい
たのである。

7.3.3　「棒引き仮名遣い」の消失

　1900（明治33）年に，本格的に導入された「棒引き仮名遣い」であったが，
上述したように，「字音仮名遣い」と「歴史的仮名遣い」の区別がつかないと
いう問題点が起こった。その課題を解決するため改定案が提出された。この案
に賛同を示したのが，『言海』の編者大槻文彦，芳賀矢一（1867-1927）といっ
た国学者であり，留意すべき点は，国学者であっても，国家が近代化を実現す
るためには，「伝統的仮名遣い」に固執することもなく，「棒引き仮名遣い」の
使用を支持していたことである。[52]このような近代的思想を有した国学者に対し
て，文豪森鴎外（1862-1922）（本名　森林太郎）は，この改定案に対して反
駁する意見を述べている。当時の政府の首脳山縣有朋（1838-1922）の知遇も
経て，政府の方針に意見を述べる立場にあった鴎外と東京帝国大学の教員を
早々と去り，文学博士さえ辞退した夏目漱石とは，あるゆる面で対極の位置に
あったといえよう。ただし，漱石は国家と言語との関係について全く関心を抱
いてなかったとはいえない。「ローマ字ひろめ会」の医学博士櫻根孝之進の強
い要請によって，自らの短編小説『二百十日』が，全文ローマ字化された小説
として出版されることを許可しているのである。このローマ字化された小説
『NIHYAKU-TÔKA』は，1925（大正14）年に，漱石の写真とともに，「ロー
マ字ひろめ会」大阪支部より刊行されている。国語国字問題に対する彼の思想

の詳細については，今後の重要な課題といえよう。

　なお，上記の改定案であるが，貴族院議会でも討議され，ついに臨時仮名遣調査委員会が開催されることになった。臨時仮名遣調査委員会は，合計5回の会議が開かれ，1908（明治41）年に「棒引き仮名遣い」は廃止されることになる。この原因の詳細については，拙著（2013）でも詳述したため，本節では割愛するが，藤岡勝二の思想的変遷も一因であったことは否めない事実と考えられる。1900（明治33）年に，言語学の専門雑誌に「棒引き仮名遣い」を用いた藤岡は，この頃には，理想的な文字はローマ字しかないと考えていたのである。1905（明治38）年に，上田萬年から正式に東京帝国大学の言語学科を託された藤岡は，当時の言語学界の中心的存在となっていた。このような立場にあった藤岡が，臨時仮名遣調査委員会に委員としてさえ参加しなかったのである。この時点で，「棒引き仮名遣い」の存在意義は，失われたといえるであろう。

　本節において，筆者は，国語国字問題における藤岡勝二の言語思想を辿りながら，文字の本質について考察することにした。藤岡は，当時，「棒引き仮名遣い」を言語学の専門雑誌の論文で用いていたが，次第に音素文字のヘボン式ローマ字の理論と実践に傾倒していった。藤岡の言語思想と当時の社会的背景を考慮しながら，『言語學雑誌』を中心とした言説を検証していくと，一般の人々までが，次第にローマ字化運動に参加していった経緯を窺うことができる。

　現在では，当時の人々がこれほど文字に対する関心を抱いた時代があったとは想像だにできない。国民の誰もが，漢字を廃止した後の文字として，かな文字とローマ字の是非について真摯に考えていたのである。藤岡勝二の言語思想に関する研究は，拙著（2013）で，かなり綿密な考察を試みたが，今後も，日本における近代「言語学」の成立事情を知る上で，頗る重要な研究課題となるであろう。「国語」の理念を確立した上田萬年と師の上田と行動をともにした東京文理科大学教授保科孝一の研究業績は，かなり積極的に進められている。一方，当時の言語学界をリードした言語学者藤岡勝二の言語思想に関する研究は，拙著（2013）において，近代の「国語」の成立に絡めて論考したことがあるが，言語学的観点からみると未だ十分とはいえない状況にあるといえよう。

　なお，本章で，筆者が最も注目したかった点は，音声重視という言語学上の

観点から，「棒引き仮名遣い」の必要性を考えていた藤岡が，その使用法を断念した後，音声を具現化する最適な文字はローマ字しかないと考え，ローマ字化運動の理論と実践に傾倒していったことである。当時の国語調査委員会の最も重要な項目は，「標準語」，「言文一致」，「仮名遣い」であった。「棒引き仮名遣い」は，まさにこの「仮名遣い」という項目の象徴ともいえる問題であったが，藤岡が専門の学術雑誌での使用を断念し，『明治三十八年二月假名遣改定案ニ對スル世論調査報告』のため，各研究者の「棒引き仮名遣い」の是非の結果を調査，報告した段階で，この仮名遣いの使用法は潰えたといえるであろう。筆者は，文字の問題が，単なる言語上の問題ではなく，政治的な問題とも深く関わっているとみなしている。文字の存在意義は，イデオロギーの紐帯となり，政治的観点からも頗る重要な役割を果している。

　上述したように，藤岡の言語思想の変遷も，当時の政治的な背景とも深く関わっていたわけである。言語学の理論を構成している重要な要素には，音韻，文法，語彙があるが，文字も決して瑣末的なものではなく，言語の本質を理解する上で，重要な言語要素とみなすことができるのである。藤岡勝二の言語思想と「棒引き仮名遣い」との関連性については，本章では充分に詳述できなかったが，個々の詳細な項目については，拙著（2013）を参照してもらいたい。

　国語国字問題における藤岡勝二の言語思想の変遷を通して，文字という言語要素が，単なる言語上の問題に留まることなく，言語外的要素，すなわち，政治的要素とも複雑に絡み合い，「ことば」の本質を捉える上で，きわめて重要な要素になることが理解できることであろう。

　最後に，黎明期における近代「言語学」における藤岡勝二の言語観を象徴した次の文を掲げておきたい。藤岡勝二の言語思想の真髄は，藤岡（1907）の上段に掲げられた，次の一文に尽きるといっても過言ではないであろう[53]。パウル，スウィート，ホイットニーの影響を強くうけた藤岡の言語思想が，まさにこの一文に凝縮されているのである。

　　言語は變わるものである。

　この言葉こそが，藤岡勝二の言語思想の原点となり，終生，彼の様々な研究テーマを貫いている言語観となったのである。

8章　藤岡勝二の言語思想と人物に対する評価

　本書では，藤岡勝二の言語観を中心にして，近代「言語学」がいかに成立してきたのか考察した。既述してきたように，藤岡は，上田萬年から東京帝国大学文科大学教授を託され，以降，当時の言語学界の中心的役割を果してきた。この間，研究のみならず，後進の教育にも尽力してきたわけであるが，最終章では，「言語学」という学問分野を確立するために尽力していた同時代の研究者たちは，彼をどのように評価したのか，そして，現代の研究者は，彼の研究業績をどのようにみているのか，考察しておきたい。

8.1　藤岡勝二に対する同時代の研究者の評価

　まず，藤岡の東京帝国大学博言学科の後輩であり，後に京都帝国大学教授に就任する新村出の回想録をみておきたい。新村（1998）は，藤岡勝二のことを，後年，サンスクリット学者の泰斗となる榊亮三郎（1872–1946）とともに，次のように高く評している。

　なお，下記に掲出された金沢君とは，金澤庄三郎のことであり，小川君とは小川尚義のことを指している。⁵⁴⁾

　　　　私より二年上級の藤岡勝二君，後の東大言語学講座担任の教授として満
　　蒙語学の専門家をも兼ね，現在の服部四郎教授の直系先師とも見てよい。
　　学者，私を啓蒙してもくれた在学生の先輩，古都の真宗門徒の家に生れ，
　　従って大阪生れの金沢君と共に三高出身，弁説文辞共に達意平易を以てす

ぐれた。而して小川君は一高生たりしも，在舎生でなかったが故に，数年間相見る機は恵まれなかった。

　藤岡君よりも二年上，更に小川金沢両君よりも一年上の同学の先進者に，私は榊亮三郎君をもった。これら数名の先輩からは，いろいろな点において学益を得た思い出がかれこれある。後進の諸君よりの智益も，それらに劣らず多々あるが，際限を知らぬほどだから一々詳記する余白と根気に乏しいから省略する。ただ榊さんと藤岡さんとの両先輩，私より四年ないし二年の上，年齢では四年の長者，共に東西大学の差こそあれ同僚関係であったが，この両君から受けた，わが自覚せる裨益は重要なものがある。これはまた，次の機会に述べさせてもらおう。

　新村は，聖徳太子奉讃会理事に就任しているが，藤岡も，1924（大正13）年9月より1935（昭和10）年2月まで，同様の役職に就いている。互いに，同じ役職を務めたことがあり，友誼は生涯続いたと考えられる。

　さらに，もう一人重要な人物として金田一京助がいる。藤岡が帰朝してすぐに担当した学生であり，ずいぶん後になって，藤岡が自らの後継者として，京城帝国大学教授小倉進平を招聘したために，助教授金田一が教授に昇格できないことがあった。藤岡のアイヌ語に対する無理解のためと揶揄する学者もいたが，この時点での小倉の立場，京城帝大は当時の帝国大学の一つであり，この段階で，朝鮮の方言研究の業績を数多残していた小倉に後を託したことは，決して不当な人事であったとはいえないであろう。実際，金田一京助は，後年，上田萬年に，アイヌ語の本の出版を相談した後，次のようなことを述べている。[55]

　　上田先生はさらに，
「それを学位論文に出せ」
と，いわれます。私はしかし，
「ご病気中の藤岡先生に読んでいただくのも恐縮ですから……」

と，いったのですが，

「だれかほかの人に調べさせるから，余計な心配はしなくてもいい」

と，いうことで，いわれたとおりに提出して，昭和十年になって学位がおりたわけです。

　こうして家も建ち，学位をもらったりして，それだけで，ありがたい，けっこうだ，と思っていたのですが，長生きしているものですから，学士院会員になったり，文化勲章をもらったりするわけです。藤岡先生をはじめ，先輩たちは早く，つまりおじいさんにならない内に死んでしまわれたものですから，学士院会員にもならず，一等凡才の私が，ただ長生きしたために，こういうことになったのです。

　金田一（1997）のあくまで個人的な回想であり，真意は不明ではあるが，筆者は，金田一自身が，藤岡に対する非難めいたことを書いた文章を，一度も目にしたことがない。むしろ，晩年，大病を患った藤岡のことを気遣っており，また，藤岡に学位論文を提出する気があった事実が，上記の回想から窺えるのである。

　次に，藤岡が，東京帝国大学言語学科，ひいては，将来の言語学界を牽引する人物として嘱望し，副手に起用した服部四郎について述べておきたい。服部は，後のアルタイ学の泰斗となり，後年は，文化勲章まで受賞している。服部がいかに藤岡を敬慕していたかは，拙著（2013）でも述べたので，ここで繰り返すことはしないが，藤岡の遺稿を世に出したのも服部の功績といえよう。しかも，モンゴル語に精通していた服部は，藤岡のモンゴル語の遺稿を正確に把握し，その内容について詳細に記している。藤岡（1940）の『羅馬字轉寫日本語對譯　喀喇沁本蒙古源流』が公刊された経緯が，「はしがき」に残されている。重要な箇所は，本書が，『蒙古源流』だけの翻訳ではないことが明示されていることである。

　以下に「はしがき」に書かれた冒頭の重要な箇所のみ記すことにする。

　　ここに公にする故藤岡勝二先生の御遺稿は，同じく「滿文老檔」の邦譯
並びに羅馬字轉寫の御原稿を整理させて頂いてゐた際，筐底より發見した
ものである。早速藤岡家に御報告し，「滿文老檔」と同じ形式で影印に附
し公刊することをお約束し，文求堂店主田中慶太郎氏も出版を快諾された
のであった。爾来仕事に追はれて半年餘を過ごした後，出版のことを具體
的に計書し始めてからもまた半ヶ年を經過した。このやうに出版が遷延し
たのは，多忙の外に私の怠慢も原因の一つであって，誠に申譯なく思つて
ゐるが，第三の原因となる事情もあつた。實は，御原稿を拜見していくう
ちに，これを公刊することは果して先生の御遺志に沿ふ所以であらうか，
と疑ひかけてゐた時代があつたからである。しかし，あらゆる事情を綜合
的に考へた末，お約束通りの形で印刷すべきであるとの結論に達した。御
原稿の出來上がつた年月を正確に知るべき手懸りは今のところ無い。晩年
のお仕事の過程を考へても，インキの色よりみても，少なくとも「滿文老
檔」邦譯以前のお仕事に違ひないと思ふ。或は，それよりもずつと以前に
溯るかもしれない。いづれにしても昭和時代のものとは思はれない。
　　大型の原稿用紙に横書きにしてあつて，總計168枚，上書にはただ「蒙
古源流」とあるのみであるが，内容を調べると，南滿州鐵道株式會社圖書
印のあるいはゆる「喀喇沁本蒙古源流」を青寫眞で複寫した東洋文庫藏の
四巻よりなる「蒙古源流」と一致する。一體この書の内容と題名と合はな
い。山本守氏によって闡明されたやうに，概略卷一と卷二はいはゆる「蒙
古源流」の前部と同一であるが，卷三と卷四は北京蒙文書社版の「聖成吉
思汗傳」の後部と同じであり，この兩者を繋合せる言葉を數行挿入して，「喀
喇沁本蒙古源流」は出來てゐる。一方「聖成吉思汗傳」は，「アルタン・
トプチ（黄金史）」と「成吉思汗行軍記」とより成つてゐる。故に，「喀喇
沁本蒙古源流」從つて本書は「蒙古源流」の一部と「アルタン・トプチ」
の一部と「成吉思汗行軍記」とを含んでゐる。

　　この後，服部は，藤岡自身がまだ公刊したくない段階であるが，モンゴル語
学の進展のために刊行に踏み切った経緯を述べている。

　なお，上記の服部の説明により，『羅馬字轉寫日本語對譯　喀喇沁本蒙古源流』
とは，実際には，次のような構成で成立していることが分かる。

　　　卷1　→　　『蒙古源流』の前部
　　　卷2　→　　『蒙古源流』の前部
　　　　　　　　　　　　＋
　　　卷3　→　　北京蒙文書社版の『聖成吉思汗傳』の後部
　　　卷4　→　　北京蒙文書社版の『聖成吉思汗傳』の後部
　　　　　　　　　　　　　　　『聖成吉思汗傳』
　　　　　　　　　　　　　　　　　＝『アルタン・トプチ』＋『成吉思汗行軍記』

図3　『羅馬字轉寫日本語對譯　喀喇沁本蒙古源流』の構成

　なお，『蒙古源流』の正確な題名は，モンゴル語で以下のようになる。

　　　Qad-un　　　ündüsün-ü　　　erdeni-yin　　　tobči
　　　諸王　の　　　源流　の　　　宝玉　の　　　　史綱

　今後の課題として，藤岡のアルタイ諸語，とりわけ，モンゴル文献及び満州
文献の精緻な研究を，改めて考察したいと考えている。筆者は，藤岡は，モン
ゴル文献の中の仏典も扱っていたのではないかとみなしている。現在，その遺
稿は見つかっていないが，当時，膨大な量の仏典が残されていたはずである。
遺稿として見つけられたのは，アルタイ学の中では知られた文献であるが，こ
の中には，おそらくモンゴル仏典の翻訳もあった可能性も否定できない。今後
は，さらに，アルタイ学者としての藤岡勝二の研究を進める必要があるだろう。
　最後に，服部（1984）が，いかに藤岡勝二を敬慕していたのか，窺える箇所
を掲げておきたい。服部の文化勲章を記念して刊行された私家版『言語学こと
はじめ』の「まえがき」では，次のように記されている。上掲書の題目は，当
初は『言語学ことはじめ』ではなく，『藤岡勝二先生の学恩』という「藤岡勝二」
という名前を冠したタイトルで刊行されるはずだったのである。

　なお，本書の仮りの表題は「藤岡勝二先生の学恩」でしたが，敷衍して書き記して行きますうちに，チャンブレン教授，上田萬年先生，藤岡勝二先生（新村出先生，八杉貞利先生）という学問的系譜に触れることになりましたので，『言語学ことはじめ』とすることに致しました。

　昭和五十九年六月吉日

服部四郎

8.2　藤岡勝二の現代の研究者の評価

　上述してきたように，現代言語学界においては，日本語系統論以外，藤岡の功績は忘れられているといえよう。こうした状況を，現代の言語学者，国語学者等は，どのように評価しているのか，みておきたい。

　近代日本言語史の分野において，数々の著書を上梓している安田（1999）は，小倉進平を視座においた著書『「言語」の構築』の中で，次のように藤岡勝二について述べている。[56]

　　この猪狩幸之助は一八九七年に東京帝国大学の博言学科を卒業し，一八九八年五月に創設された言語学会の創設メンバーに名を連ねている。言語学会は他に上田万年・フローレンツ・小川尚義・金沢庄三郎・藤岡勝二・新村出・八杉貞利といった当時新進の言語学徒を擁した集まりで，一九〇〇年二月から一九〇二年八月まで『言語学雑誌』を発行した。猪狩の論文をこの雑誌にみることはできないが，日本国内での言語運動の紹介や外国での言語学研究の潮流の紹介ばかりでなく，標準語論・方言論・言文一致論・音声学にまつわる議論が展開されるなど，日本の言語学の水準の向上に寄与した雑誌であった。

　　猪狩は，小倉が在学していた時の言語学科の教員であった藤岡勝二と同期であり親交があったようである。一九〇〇年から一九〇九年まで宮城県立第二中等学校で教鞭を執ったものの，一九一五年に病没している。

　安田（1999）は，ここで言語学会創立にも，その名が挙げられる猪狩幸之助をとり挙げている。小倉進平が言語学科を志望した理由に，同郷の先輩猪狩に影響をうけた可能性があることを示唆している。猪狩が藤岡と同期であることは随分前から知っていたが，彼がどのような研究業績を残していたのか判然としなかったが，安田（1999）からある程度の情報を知ることができた。ただし，藤岡が自ら猪狩に関して述べた詳しい回想は，現段階では目にしたことがない。安田（1999）は，この箇所でも，藤岡は，後に上田の後を継承する新進の言語学徒であり，あくまで数多いる言語学会の創設メンバーの一人に過ぎず，小倉を視座に据えた著書とはいえ，藤岡に関する詳細な内容を記していない。

　さらに，藤岡に関する記述は，次の文でも掲げられている[57]。

　　日本語のウラル・アルタイ語族説は，外国人のものではW・G・アストンをはじめ幾人から提唱され，日本人では藤岡勝二が一九〇八年に「日本語の地位」（『国学院雑誌』一四巻八・一〇・一一号）を著わした。これはそれ以前になされていた田口卯吉による日本語の「アーリア語系」説に対する反駁といってもよいものである。

　既述したように，田口卯吉は経済学者として知られているが，この頃の日本語の系統に関わる事項には，様々な分野の嚆矢が自らの学説を提唱している。しかしながら，多くの碩学がこの難題に取り組み，連綿として日本語系統論の学説が唱えられてきたが，現時点において，全ての言語学者を納得させるような学説は存在しない。この頃の藤岡の学説は，学説の是非に学問的価値があるものではなく，比較言語学を用いた方法論が一般的であった時代に，類型学的な方法論を導入した点において評価できるといえよう。ここで，安田（1999）は，藤岡が，ウラル・アルタイ語族を提唱した事実だけを述べたに過ぎない。

　一方，社会言語学，言語思想史が専門であるイ（1966）は，保科孝一の実像を克明に描いた著『「国語」という思想―近代日本の言語認識―』の言説において，以下のように，藤岡勝二を取り上げている。上掲書は，元々は，1996

年に岩波書店から上梓されたものであるが，2012（平成24）年には，岩波現代文庫からも刊行されている。

　以下のように，イは，藤岡勝二が言文一致を文体の一つの様式に捉えたことについて言及しており，一定の評価をしている。ただし，この後，保科孝一について記した後も，藤岡自身の言語思想を深く考察した箇所はみられない[58]。言語思想史の分野にて，大部の著作を残した安田，イの両者の目にも，上田萬年の後を継ぎ，第二代東京帝国大学文科大学言語学科主任教授藤岡勝二も，凡庸な言語学者に過ぎないと捉えられたのかもしれない。

　　　　『言語学雑誌』に論じられた言文一致論は，上田の言語思想を色濃く反映したものであった。たとえば，東京大学で上田に学んだ藤岡勝二は，「言文一致論」（一九〇一年／明治三四）においてつぎのように論じている。「言文一致と云ってもあらゆる日本語を凡て其まゝ文字に写すことではないと云ふことになる。〔……〕しかし国語は統一せられねばならぬとし且其統一の標準になるものが甚好い者であるならば多少の苦労は忍んでも行けねばならぬ。〔……〕即ち一の標準語によるといふことになる。この標準語にかの方言などを云ひ換へて文にあらはすことになるのである。言ひ換へれば言文一致といふのは標準語を文に書きあらはすことである。」そして，その標準語の中身は「東京に於て教育のある社会の人の言葉」だった。

　　　こうして，言文一致は，方言から標準語への〈言い換え〉の手段という意味に転じてしまった。ただし，藤岡は「言文一致を主導するといふのは言文一致体という文体を教へること」であると述べ，言文一致体をあくまで文体のひとつの様式ととらえていた。ところが，つぎの保科孝一の論説では，さらにすすんでこの点すらも否定される。

　さらに，藤岡の研究テーマの一つである辞書学であるが，この分野では，『大英和辞典』を編纂しており，英語の辞書学の関係者からの藤岡の業績の評価は高い。英語辞書史，接触言語学が専門である早川（2007）は，ジョンソン辞書

（1755）とウエブスター大辞典（1864）を比較しながら，上田と藤岡について次のようなことを述べている。⁵⁹⁾

　　上田万年は，明治二十二年に東洋学会において行った講演でジョンソン辞書に言及している。彼の学生であった藤岡勝二は，明治二十九年に書いた論文でジョンソン辞書について述べている。

　一方，印欧語比較言語学，音声学を専門とする神山（2006）は，付節として，「日本における印欧語比較言語学の系譜」と題して，日本におけるインド・ヨーロッパ語族と関係する数多の人物を，近代「言語学」から現代の言語学に至るまで取り上げている。この中で，神山は，藤岡勝二もこの中の一人として挙げ，独自の観点から彼の研究の理論と行動について検討を行っている。

　以下に掲げると次のようになる。なお，写真を含む括弧の箇所は掲載できなかったため，省いたことを付記しておきたい。⁶⁰⁾

　　上田が帰朝した94年に博言学科に入学した藤岡勝二は，卒業後，日本語のローマ字化の検討や教科書編纂において上田を補佐する役割に重用されることになり，官命によって最新の言語学の成果を吸収すべく，1901年末からドイツ語学へと赴いた。留学先のライプツィヒから上田に送った私信を見ると，彼が当時爆発的流行であったヴントの心理言語学に傾倒し，また日本語への関心を深めていることがわかるが，青年文法学派の中心的人物ブルークマンの講義を聴講しながらも，印欧語比較言語学に特に関心を示していない。1905年早春に帰朝すると，同年夏には国語学講座に転じた上田の後を受けて言語学講座の担任となった。彼の業績は日本語に関係するものがほとんどだが，モンゴル語研究の先鞭をつけて日本語をアルタイ語に帰属させる説を唱えたことが知られている。

　　藤岡の残した遺稿は恐らく公刊されたものよりもはるかに多い。満州語

をはじめとして，モンゴル語，トルコ語，中国語，そして，ゴート語に関する研究や著書の原稿，講義録に混じって，パウル，ホイットニー，ソシュール，メイエ，ヴァンドリエスなど計10点の訳稿が含まれており，特に晩年には印欧語比較言語学の勉強を密かに進めたようである。これら遺稿の中で刊行されたのはヴァンドリエス『言語學概論：言語研究と歴史』（刀江書店，1938）だけである。

　上述したように，藤岡の業績を丹念に検討していることが分かる。ただし，最後の文に遺稿について記されているが，確かに，印欧語族と関係した刊行物は，ヴァンドリエスの翻訳のみであるが，他にも，ホイットニーの訳稿，モンゴル語，満州語等の転写と翻訳が刊行されている。とりわけ，かつて保科孝一が抄訳したホイットニーの著書は，藤岡が逝去した後，再び『ことばのおひたち』という題目で，謄写版として刊行されている。

おわりに

　筆者は，近代「国語」の成立過程を，藤岡勝二を軸にして考究した拙著『近代「国語」の成立における藤岡勝二の果した役割について』(ナカニシヤ出版，2013) を上梓し，ある程度，自分なりの藤岡の国語観については，知ることができた。同時に，藤岡に関わる文献を集めていくうちに，言語学者としての藤岡勝二が，近代「国語」だけではなく，近代「言語学」の成立にも多大なる貢献をしていることが判明した。しかしながら，上田萬年から東京帝国大学文科大学教授の主任講座を譲られ，二代目の言語学講座担任として，当時の言語学界を牽引し，研究，教育に尽力したにもかかわらず，現代言語学界において，彼の真の業績が理解されているとは，とうてい言い難い状況といえる。同時代に活躍した東京帝国大学博言学科の後輩新村出，藤岡がドイツ留学から帰朝後，すぐに指導した金田一京助には大部の著作集が残されているが，藤岡勝二には，弟子たちを中心に論文が寄稿された『藤岡博士功績記念言語學論文集』しか残されていない。膨大な研究業績を残しながら，現代の言語学界で，その名を知るものは，ほとんどいないと考えられる。唯一つ挙げるとすれば，日本語とウラル・アルタイ諸語の共通項を唱えた業績だけであろう。

　かかる事情から，筆者は，近代言語学史において，彼がどのような位置にあり，言語学においてどのような貢献をしたのか，明らかにすることにした。30年近くにわたり，東京帝国大学で言語学の指導にあたりながら，彼の名前は知られていない現状であり，近代言語学が成立した経緯も様々な事情が錯綜しており，今回は，「日本における近代「言語学」成立事情」と題して，その成立過程を紐解くことにした。概ね，射程範囲とした時代は，藤岡勝二が日本語系統論説を唱えた1908（明治41）年までとして，執筆した。本書は，あく

まで，近代「言語学」成立事情のⅠであり，今後，これ以降の言語学の状況や未だ不明な事実を検討して，考察していきたい。

　また，ここで，章立てより，本書の内容に関して，今一度，まとめておきたい。第1章，第2章において，藤岡勝二の言語思想を明らかにするために，言語学会の機関誌『言語學雑誌』と，八杉貞利の日記『新縣居雑記』を取り上げ，考察を試みた。その結果，言語学会の創立と機関誌『言語學雑誌』が創刊するまでの経緯が概ね判明した。当時の状況は，上田萬年が精神的支柱であったとすれば，藤岡は，実質的に言語学会の運営をしていたと考えられる。藤岡の自宅で会議が催され，その後，新村と八杉が草案を作り，最終的に八杉が上田の意向を伺いにいき，諾なら，次に方針を進めていったのである。

　近代「国語」の成立に最も尽力した人物として，藤岡勝二，彼を軸にして，岡田正美，保科孝一の三名を挙げるとすれば，日本における近代「言語学」の創立に寄与した代表的人物は，藤岡勝二，新村出，八杉貞利とみなすことができるであろう。3章では，黎明期における近代「言語学」の研究分野を取り上げ，社会言語学の萌芽が，すでに藤岡（1907）の著書『國語研究法』にみられることを指摘した。4章では，さらに綿密に，藤岡の上掲書を考察し，近代における言語学用語を取り扱った。5章では，近代における語源学に焦点をあて，日本語系統論における藤岡の代表的な論文「日本語の位置」が，方法論的転回として，きわめて意義があることを論証した。上田萬年は，この頃，日本語の系統を解明するために，新進気鋭の弟子たちに，様々な言語を学ばせようとした。そして，日本語と最も親縁関係の可能性があるとみなされた言語がアルタイ諸語であった。この言語を託されたのが，藤岡勝二であり，1905（明治38）年に，上田から東京帝国大学文科大学言語学科を継承されることになるのである。本書では，このアルタイ諸語について，6章で詳細に考察を試みている。7章は，近代「言語学」と藤岡勝二の言語観について，ローマ字化運動の理論と実践，「棒引き仮名遣い」における藤岡勝二の言語理論を通して，彼の言語思想の底流には，常に音声中心主義があったことを論証した。最終章では，藤岡勝二の言語思想に対する同時代の学者や現代の研究者の評価を考察した。

　本書を上梓するにあたり，気が付いたことは，日本語史，日本語学史，という分野はあるが，言語学史という分野は，未だ言語学者の間でも認知されてい

る研究領域とはいえないということである。研究者の射程範囲も異なり，研究対象になり得ないと考える人もいるかと思う。しかしながら，学史は，各分野で扱わなければならない重要な研究課題なのである。

　本書は，近代「言語学」成立事情を，藤岡勝二の言語思想を基にして，様々な考察を試みたが，あくまで「日本における近代「言語学」成立事情　Ⅰ」という題目をつけたように，今後も更なる詳らかな研究を継続しながら，次の著書を刊行していきたいと考えている次第である。

　浅学菲才は如何ともできず，どうか識者からのご叱正を賜れれば幸いである。

2017年8月30日

湖都大津にて

著者

註

1）本書の第1章と第2章は，2017年3月31日に刊行された『関西外国語大学研究論集第105号』所収「近代「言語学」成立事情—言語学者藤岡勝二の役割を中心として—」pp.1-19を基にして，加筆，修正を施したものであることを付記しておきたい。

2）藤岡勝二の研究テーマの分類は，拙著（2013）pp.13-29を参照した。

3）保科（1952）を参照した。

4）本文は，『言語學雑誌』第1巻第4号pp.83-87を引用した。

5）本文は，『言語學雑誌』第1巻第4号p.110を引用した。拙著（2013）p.90においても，同様の箇所を取り上げている。

6）本文は，『言語學雑誌』第1巻第6号p.697を引用した。拙著（2013）p.91でも，当時の海外留学生を説明するために，重要な箇所として掲げることにした。

7）本文は，『言語學雑誌』第1巻第2号のp.24を引用した。

8）本文は，藤岡（1907）p.48とp.63を引用した。

9）本文は，新村（1998）p.35を引用した。

10）ここでのヘルマン・パウルの著書は，*Prinzipien der Sprachgeschichte*『言語史原理』と考えられる。

11）本文は，新村（1998）p.275を引用した。新村（1998）には，原題「上田先生をしのぶ」昭和十二年十二月「国語と国文学」と記されている。

12）本文は，新村（1998）p.228を引用した。新村（1998）には，昭和三十八年十一月四・十一・十八・二十五日・十二月二・九日「産経新聞」に連載と記されている。

13）帝文とは，同時期に刊行されていた『帝國文學』のことを指している。八杉は，当時『言語學雑誌』の刊行と同時に，東京帝国大学生を中心とした学術雑誌『帝國文學』の創刊にも深く関わっていたのである。なお，後に，藤岡勝二，岡田正美も編集委員として参加している。

14）永持徳一氏とは，後の大正大学教授で中国文学者のことを指している。

15）本文は，『言語學雑誌』第3巻第1号pp.44-46を引用した。

16）本文は，石川（2014）p.58を引用した。

17）本文は，藤岡（1907）p.35を引用した。

18）本文は，三宅（1981）pp.217-218を引用した。

19）本文は，『史學雑誌』第20編第9号の「言語を以て直に人種の異同を判ずること」p.2を引用した。

20）本文は，田中（1981）p.150を引用した。

21）本文は，藤岡（1907）p.147を引用した。「シライヘル」に施された下線部は，藤岡本人が引いたものであり，上段には，各文章を端的にまとめた語句がちりばめられている。ここでは「シライヘルの分類法の運命」と記されている。なお，本文は，拙著（2013）p.129の「社会言語学の曙光」の中でも用いた。

22）本文は，藤岡（1907）pp.150-151を引用した。

23）本文は，すべて藤岡（1907）を引用した。

24）本文は，藤岡（1907）p.77を引用した。

25）文部科学省（1997）p.294を引用した。

26）文部科学省（1997）p.207を引用した。

27）文部科学省（1997）p.289を引用した。

28）本文は,竹内（2011）p.128の「学術用語（言語学）のいくつかについて」を引用した。

29）本文は，田中（2007）p.63を引用した。

30）本文は，藤岡（1907）p.79を引用した。

31）本文は，各々，第2章「世界言語の分類方法論」のp.190とp.191を引用した。

32）本文は，藤岡（1925）p.42を引用した。なお，第4章は，拙稿（2015）に大幅な加筆，修正を施した。

33）「日本語流入論」という用語は，安本（1978）に詳しい。安本は，「古極東アジア語」という言語を想定しているが，このような言語が，実際に存在したのか，筆者は，さらに綿密な研究が必要であると考えている。この点については，今後の日本語系統論に関する研究の進捗状況に委ねられるであろう。

34）拙著（2000）において，詳細に述べたが，ウラル・アルタイ語族という名称は，現在では，用いられることはない。現代の言語学界では，ウラル語族（フィン・ウゴル語派とサモイェード語派）とアルタイ諸語は画然として区別され,アルタイ諸語については，インド・ヨーロッパ語族のように，現段階において，「語族」として認めるのは，時期尚早と考えられる。これは，アルタイ諸語を構成するモンゴル諸語，チュルク諸語，満州・ツングース諸語の間で，音韻・形態・文法の面で一致しない面が，かなりみられるからである。なお，上述した点については，6章で詳説した。

35）日本語の系統を考える会（編）（1985）pp.80-81を引用した。

36）服部（1999）pp.63-64を引用した。

37）松本（2007）p.48を引用した。

38）松本（2007）p.66を引用した。

39）松本（2007）p.71を引用した。

40）高句麗語は，ツングース語と関係の深い言語とみなされているが，他言語の影響もかなりうけており，正確な系統関係については，今後も検討する必要がある言語である。

41）本文は，乙政（1998）p.84を引用した。

42）本文は，『岩波古語辞典　補訂版』（2000）第12刷p.725を引用した。

43）この矛盾点は，すでに村山（1982）もある程度気づいていたが，モンゴル語の仏教語彙がどの資料から借用されたのかという点については明示していない。本節では，この借用語彙がどの経典からの来源経路を有するものなのかを明らかにした。

44）なお，本節は，概ね，拙稿（2004）pp.37-39を参考にしたことを付記しておきたい。

45）この重要な事項は，『言語学雑誌』第1巻第2号p.252で記されている。

46）本文は『言語學雑誌』第1巻第2号p.4を引用した。原文では，「おひたひ研究」となっているが，明らかに誤記であるため，「おひたち研究」に訂正した。また，同様の文を，拙著（2013）p.66でも掲載した。

47）本文は，藤岡（1907）p.177を引用した。

48）エスペラント運動のこれまでの経緯と思想については，田中（2007）の『エスペラン

ト―異端の言語―』を参照されたい。

49) 杉本つとむ・岩淵匡編（1994）p.157を引用した。

50) 当時の「棒引き仮名遣い」によって生じた教育現場の混乱の経緯については，倉島（2002）を参照した。なお，本書では，拙著（2013）で用いた「棒引仮名遣い」を改め，一般的に用いられている「棒引き仮名遣い」という表記に統一した。

51) 本文は『言語學雑誌』第1巻第9号p.22を引用した。なお，この文は，拙著（2003），拙著（2013）でも取り上げた。藤岡が，言語学に関する専門雑誌に「棒引き仮名遣い」を積極的に用いた注目すべき箇所といえる。

52) 芳賀は，1902（明治35）年9月25日に国語調査委員会委員に就任している。一方，ドイツ留学を終え，帰朝した藤岡勝二も，その3年後，1905（明治38）年10月12日に正式に国語調査委員会委員に任じられている。藤岡とは，専門分野は異なれども，芳賀も『言語學雑誌』に自らの論文を寄稿しており，近代「言語学」の創生期に活躍した人物といえよう。

53) 本文は，藤岡（1907）の第3章「文語と口語」p.35を引用した。拙著（2013）では，言文一致の思想を象徴的に表した言葉として記した。

54) 新村（1998）pp.108-109を引用した。

55) 本文は，金田一（1997）pp.171-172を引用した。

56) 本文は，安田（1999）p.42を引用した。

57) 本文は，安田（1999）p.85を引用した。

58) 本文は，イ（1996）p.146を引用した。

59) 本文は，早川（2007）p.375を引用した。

60) 本文は，神山（2006）pp.268-269を引用した。

引用文献

芥川龍之介（1986）「あの頃の自分の事」『芥川龍之介全集　2』ちくま文庫

有坂秀世（1932）「古事記に於けるモの仮名の用法について」『國語と國文學』第9巻第11号

池上禎造（1932）「古事記に於ける仮名「毛・母」に就いて」『國語國文』第2巻第10号

石川遼子（2014）『金沢庄三郎』ミネルヴァ書房

井上哲次郎（1897）「人種，言語，及び宗教等の比較に依り，日本人の位置を論ず」『東邦協会報告』第20号

岩井忠熊（2003）『西園寺公望─最後の元老─』岩波新書

イ・ヨンスク（1996）『「国語」という思想─近代日本の言語認識』岩波書店（改訂版2012　岩波現代文庫）

上田萬年（1897）『國語のため　訂正版』冨山房（復刻　安田敏朗校注，平凡社　2011）

大野晋・佐竹昭広・前田金五郎（1990）『岩波古語辞典　補訂版』岩波書店

大矢透（1889）「日本語ト朝鮮語トノ類似」『東京人類学会雑誌』第4巻第37号

長志珠絵（1998）『近代日本と国語ナショナリズム』吉川弘文館

乙政潤（1998）「第2章　日本語とドイツ語」『新しい日本語研究を学ぶ人のために』世界思想社

柿木重宜（1991）「モンゴル仏典における古代ウイグル語の影響について」『日本モンゴル学会紀要』No.21

柿木重宜（1999）「社会言語学と言語社会学の研究領域について」『外国語・外国文学研究』第18号　pp.45-53

柿木重宜（2000）『ふしぎな言葉の学─日本語学と言語学の接点を求めて─』ナカニシヤ出版

柿木重宜（2002）「言語類型学からみた日本語とアルタイ諸語について」『滋賀女子短期大学研究紀要』第27号　pp.113-123

柿木重宜（2003）『なぜ言葉は変わるのか─言語学と日本語学へのプロローグ─』ナカニシヤ出版

柿木重宜（2004）「日本語とアルタイ諸語の仏教借用語について─本源か借用関係をめぐって　」『語源研究』第42号

柿木重宜（2006）「近・現代における語源学と主要参考文献」『日本語の語源を学ぶ人のために』世界思想社

柿木重宜（2007a）「『語源学』の理論と実践について─国語教育へのアプローチの可能性─」『滋賀女子短期大学研究紀要』第32号　pp.125-138

柿木重宜（2007b）「なぜ「棒引仮名遣い」は消失したのか─藤岡勝二の言語思想の変遷を辿りながら─」『文学・語学』第188号　pp.50-58

柿木重宜（2008）「国語国字問題における藤岡勝二の言語思想について─「棒引き仮名遣い」から「ヘボン式ローマ字表記法」まで─」『滋賀女子短期大学研究紀要』第33号　pp.87-100

柿木重宜（2013）『近代「国語」の成立における藤岡勝二の果した役割について』ナカニシヤ出版

柿木重宜（2015）「藤岡勝二著『國語研究法』にみられる社会言語学に関わる言説について―国語学における社会言語学の受容―」『滋賀短期大学研究紀要』第40号　pp.37-49

柿木重宜（2017）「近代「言語学」成立事情―言語学者藤岡勝二の役割を中心にして―」『関西外国語大学研究論集』第105号　pp.1-19

金澤庄三郎（1910）『日韓兩國語同系論』三省堂書店

神山孝夫（2006）『印欧祖語の母音組織―研究史要説と試論―』大学教育出版

金田一京助（1998）『金田一京助「わたしの歩いて来た道」』日本図書センター

金田一春彦・林大・柴田武（1988）『日本語百科大事典』大修館書店

倉島長正（2002）『国語百年』小学館

言語学会（1900-1902）『言語學雑誌』第1巻第1号-第3巻第3号　冨山房

小池清治（1994）『日本語とはどんな言語か』ちくま新書

榊亮三郎（1916）『梵蔵漢和四譯對校　翻譯名義大集』京都帝國大學文科大学版

佐佐木隆（1978）「日本語の系統論史」『岩波講座　日本語　12』岩波書店

佐藤武義・前田富祺（編）（2014）『日本語大辞典』朝倉書店

佐藤喜之（2008）「八杉貞利とロシア語学」『学苑』第816号　pp.64-72

真田信治・渋谷勝巳・陣内正敬・杉戸清樹（1992）『社会言語学』桜楓社

清水亮昇・橋本光宝　訳編（1941）『蒙蔵梵漢合璧金剛般若波羅蜜経』蒙蔵典籍刊行会

白鳥庫吉（1897）「『日本書紀』に見えたる韓語の解釈」『史學雑誌』第8編第7号

新村出（1901）「田口博士の言語に關する所論を讀む」『言語學雑誌』第2巻第9号

新村出（1998）『新村出「わが学問生活の七十年ほか」』日本図書センター

杉本つとむ・岩淵匡編（1994）『新版　日本語学辞典』おうふう

鈴木孝夫（1973）『ことばと文化』岩波新書

田口卯吉（1901）「國語上より観察したる人種の初代」『史學雑誌』第12編第6号

竹内和夫（2011）「学術用語（言語学）のいくつかについて」『国文学　解釈と鑑賞』第76巻第1号　ぎょうせい　pp.125-131

田中克彦（1981）『ことばと国家』岩波新書

田中克彦（2007）『エスペラント―異端の言語』岩波新書

田辺寿利（1936）『言語社会学』時潮社

田丸卓郎（1980）『ローマ字国字論』岩波新書

築島裕（1963）「ツンザクとヒツサグとの語源について」『国語学』第54集pp.1-9

寺川喜四男（1951）『新訂　言語学入門』新井東雲堂

土井忠生・森田武・長南実　編訳（1980）『邦訳　日葡辞書』岩波書店

中村元・紀野一義　訳注（1989）『般若心経・金剛般若経』岩波文庫

日本語の系統を考える会（編）（1985）『日本語の系統・系統論文集　1』和泉新書

橋本進吉（1917）「國語仮名遣研究史上の一發見―石塚龍麿の仮名遣奥山路について―」『帝國文学』第23巻第11号

服部四郎（1957）「アイヌ語の研究について」『心の花』第700号

服部四郎（1959）『日本語の系統』岩波書店

服部四郎（編）（1984）『言語学ことはじめ』私家版

早川勇（2007）『ウエブスター辞書と明治の知識人』春風社

平井金三（1904）「日本の言葉はアリアン言葉なり」『新公論』第 8 - 10 号

平井昌夫（1949）『國語國字問題の歴史』昭森社（復刻　安田敏朗解説，三元社　1998）

藤岡勝二（1894）「辭書編纂法并日本辭書の沿革」『帝國文学』第 2 巻第 1 号，2 号，6 号，
　　10 号　大日本圖書株式會社

藤岡勝二（1898）『弘法大師』傳燈會

藤岡勝二（1901）「言語を以て直に人種の異同を判ずること」『史學雑誌』第12編第 9 号
　　史學会　pp. 1 - 9

藤岡勝二（1906）『羅馬字手引』新公論社

藤岡勝二（1907）『國語研究法』三省堂

藤岡勝二（1908）「日本語の位置」『國学院雑誌』第14巻第 8 号，10号，11号

藤岡勝二（1915）『國語法敎科書』明治書院

藤岡勝二（1918）『大英和辞典』大倉書店

藤岡勝二（1919）『ローマ字びき實用國語字典』三省堂

藤岡勝二（1925）『ローマ字手引き　改訂版』ローマ字ひろめ會

藤岡勝二（1937）『方便語録』天來書房

藤岡博士功績記念會編（1935）『藤岡博士功績記念言語學論文集』岩波書店

文化庁（2006）『国語施策百年史』ぎょうせい

保科孝一（1952）『ある国語学者の回想』朝日新聞社

堀井令以知（1997）『比較言語学を学ぶ人のために』世界思想社

町田健（2014）「藤岡勝二」佐藤武義・前田富祺（編）『日本語大辞典』所収　朝倉書店

松本克己（1995）『古代日本語母音論―上代特殊仮名遣の再解釈―』ひつじ書房

松本克己（2007）『世界の言語のなかの日本語―日本語系統論の新たな地平―』三省堂

村山七郎（1973）『日本語の起源』弘文堂

村山七郎（1982）『日本語：タミル語起源説批判』三一書房

村山七郎（1993）『アイヌ語の研究』

文部科学省（1997）『学術用語集　言語学編』日本学術振興会

八杉貞利　和久利誓一編（1970）『新縣居雑記』吾妻書房

安田敏明（1999）『「言語」の構築―小倉進平と植民地朝鮮―』三元社

安本美典（1078）『日本語の成立』講談社現代新書

安本美典・本多正久（1990）『日本語の誕生』大修館書店

Aston, William George（1879）"A Comparative Study of Japanese and Korean
　　Language", *Journal of the Royal Asiatic Society of Great Britain and Irland*, New
　　Series XI.

Chamberlain, Basil Hall（1895）"Essay in aid of a Grammer and Dictionary of the
　　Luchuan Language", *Transactions of the Asiatic Society of Japan*, ⅩⅩⅢ,Supplement.

Chomsky, Noam（1965）*Aspects of the Theory of Syntax*, MIT Press, Cambridge, Mass.
　　安井稔（訳）『文法理論の諸相』研究社，1970.

Gabain,.A.V.（1950）*Alttürkische Grammatik*, Leipzig.

Greenberg, Joseph Harold（ed）（1978）*Universals of Human Language*, Vol. 3： Word Structure, Stanford Univ. Press.

Jespersen, Otto（1922）*Language: Its Nature, Development and Origin*, Allen＆Unwin Ltd., first published. 三宅鴻（訳）『言語─その本質・発達・起源─（上）』岩波文庫, 1981.

Martinet, André（1955）*Économie des changements Phonétiques*, Berne: Francke.

Paul, Hermann（1880）*Prizipien der Sprachgeschichte*, Halle: Max Niemeyer. 福本喜之助（訳）『言語史原理』講談社, 1965.

Poppe, Nicholas（1954）*Grammar of Written Mongolian*, Wiesbaden.

Poppe, Nicholas（1955）*Introduction to Mongolian Comparative Studies*, Wiesbaden.

Poppe, Nicholas（1971）*The Diamond Sutra*, Wiesbaden.

Saussure, Ferdinand de（1916）*Cours de linguistique générale*, Paris:Payot. 小林英夫（訳）『一般言語学講義』岩波書店, 1972.『言語學原論』（岡書院, 1928）を改版新訳及び改題.

Schmidt, Johannes（1831）*Grammatik der Mogolischen Sprache*, St.Petersberg.

Sweet, Henry（1900）*The History of Language*, London: J. M. Dent & Sons. 金田一京助（訳）『新言語學』子文社. 1912.

Whitney,William Dwight（1875）*The Life and Growth of Language*, An Outline of Linguistic Science.

保科孝一（抄訳）『言語發達論』冨山房. 1899.

藤岡勝二（訳）『ことばのおひたち』謄写版, 出版年不明.

事項索引

人名索引

著者紹介
柿木重宜（かきぎ　しげたか）
博士（言語文化学）大阪大学
一橋大学大学院社会学研究科（社会言語学専攻）博士後期課程
単位取得（1994）
現職　関西外国語大学外国語学部 教授
　　　関西外国語大学大学院外国語学研究科 教授
主著
『ふしぎな言葉の学―日本語学と言語学の接点を求めて―』（2000）
　　ナカニシヤ出版
『なぜ言葉は変わるのか―日本語学と言語学へのプロローグ―』
　　（2003）ナカニシヤ出版
『日本語の語源を学ぶ人のために』（2006，共著）世界思想社
『京都の地名検証3』（2010，共著）勉誠出版
『近代「国語」の成立における藤岡勝二の果した役割について』
　　（2013）ナカニシヤ出版
『日本語学トレーニング100題』（2017）ナカニシヤ出版　他
など。

日本における近代「言語学」成立事情　I
藤岡勝二の言語思想を中心として

2017年12月20日　初版第1刷発行　（定価はカヴァーに表示してあります）

　　著　者　柿木　重宜
　　発行者　中西　　良
　　発行所　株式会社ナカニシヤ出版
　　〒606-8161　京都市左京区一乗寺木ノ本町15番地
　　　　　　　　Telephone　075-723-0111
　　　　　　　　Facsimile　075-723-0095
　　　Website　http://www.nakanishiya.co.jp/
　　　Email　iihon-ippai@nakanishiya.co.jp
　　　　　　　　郵便振替　01030-0-13128

装幀＝白沢　正／印刷・製本＝西濃印刷㈱
Copyright © 2017 by S. Kakigi
Printed in Japan.
ISBN978-4-7795-1227-8 C3081